U0934561

珍藏本
纪念版

汉译世界学术名著丛书

笛福文选

徐式谷 译

商务印书馆
SINCE 1897 The Commercial Press
2017年·北京

本书《惩治不从国教者的捷径》等前三篇文章译自英国伦敦 The Shakespeare Head Press of Stratford upon-Avon 1927 年版 “The Shortest Way with the Dissenters and Other Pamphlets by Daniel Defoe”，第四篇文章《计划论》译自伦敦 George Routledge and Sons 1889 年版 Carisbrooke Library III “The Earlier Life and Works of Daniel Defoe”。

汉译世界学术名著丛书
（120年纪念版·珍藏本）
出 版 说 明

2017年2月11日，商务印书馆迎来120岁的生日。120年前，商务印书馆前贤怀揣文化救国的理想，抱持“昌明教育，开启民智”的使命，立足本土，放眼寰宇，以出版为津梁，沟通中西，为中国、为世界提供最富智慧的思想文化成果。无论世事白云苍狗，潮流左右激荡，甚至战火硝烟弥漫，始终践行学术报国之志，无改初心。

迻译世界各国学术名著，即其一端。早在20世纪初年便出版《原富》《天演论》等影响至今的代表性著作，1950年代后更致力于外国哲学和社会科学经典的译介，及至1980年代，辑为“汉译世界学术名著丛书”，汇涓为流，蔚为大观。丛书自1981年开始出版，历时三十余年，迄今已推出七百种，是我国现代出版史上规模最大、最为重要的学术翻译工程。

丛书所选之书，立场观点不囿于一派，学科领域不限于一门，皆为文明开启以来，各时代、各国家、各民族的思想与文化精粹，代表着人类已经到达过的精神境界。丛书系统译介世界学术经典，引领时代思想，为本土原创学术的发展提供丰富的文化滋养，为推动中国现代学术和现代化进程做出了突出的贡献。

为纪念商务印书馆成立120周年，我们整体推出"汉译世界学术名著丛书"120年纪念版的珍藏本，寄望既利于文化积累，又便于研读查考，同时向长期支持丛书出版的译者、编者和读者致以敬意。

两甲子后的今天，商务印书馆又站在了一个新的历史时间节点上。我们不仅要铭记先辈的身影和足迹，更须让我们的步伐充满新的时代精神。这是商务人代代相传的事业，更是与国家和民族的命运始终紧密相连的事业。我们责无旁贷，必须做好我们这代人的传承与创造，让我们的努力和成果不仅凝聚成民族文化的记忆，还能成为后来人可以接续的事业。唯此，才能不负前贤，无愧来者。

商务印书馆编辑部

2017年10月

《笛福文选》序

丹尼尔·笛福(Daniel Defoe,1660—1731)的诞生,距今恰好是三百年了。他生活在英国历史上的转折时期。在他出生前二十年,英国开始了第一次有巨大影响的资产阶级革命,资产阶级以暴力推翻了斯图亚特王朝的专制政权,杀掉国王,实现资产阶级专政。在他出生的1660年,斯图亚特王朝的查理二世又在本国反动贵族和法国王室的帮助下恢复了反动的统治,他和他的继承者詹姆斯二世,与议会中的资产阶级、新贵族一直进行着或明或暗的斗争。资产阶级终于在1688年再次赶走了斯图亚特王室。迎立了威廉三世。此后在英国就确立了实质上是资产阶级专政的君主立宪制。英国资本主义生产的发展更加迅速。在笛福生活的时期,英国的工商业和航海业增长很快,如出口货总值1705年为五百三十余万镑,而1713年至1714年已达七百六十九万余镑;海关收入1666年为三十九万镑,而以后十七年平均每年为五十五万余镑;进口棉花在十八世纪初每年约为一百万磅,而到1764年已达三百八十万磅;煤铁产量与商船吨位的增长幅度也大致如是。在笛福晚年,工业革命开始以后,生产增长更加迅速。英国已逐渐由农业国转变为工业国。与此同时,农民大批破产。人口向城市集中,兴起了许多工商业城市。资本主义生产每一步进展,统治阶级所得

的每一个英镑，都是以本国劳动群众和殖民地人民的血汗为代价的，以国内自耕农的破产、对工人极为残酷的剥削，以连年进行的殖民战争，以对殖民地残暴的压榨换来的。

笛福为之欢呼的1688年的政变，实际上是资产阶级与贵族妥协的产物。在这次妥协中，“政治的战利品——职位、肥缺、厚俸——都是由土地贵族名门取得，其条件只是要充分维护金融工商业中等阶级的经济利益。”[①]英国社会最上层就是拥有大地产的贵族。他们与资产阶级妥协的基础是：一方面为资产阶级提供劳动力，另一方面使农业的发展适合工业与贸易的需要。贵族大地主中间最反动的一翼希望反动的斯图亚特王室复辟，其余一部分则是“资产阶级的贵族代表”。这是“官方地统治着”英国的阶级。“非官方地统治着”英国的是资产阶级。它与贵族在利害关系上还有一定程度的矛盾，但是归根结底，政府的一切法令最终还是为这个阶级的利益服务的。1688年参加妥协的，只是资产阶级中的一部分，即金融资产阶级，其中有银行家、殖民公司，特别是东印度公司的大股东、大商人等。这是资产阶级的上层，他们以巨大的财富左右国家大政方针。在笛福的时代，工业还处于手工工场阶段，主要工业，即纺织业的生产过程还有一大部分分散在农户进行，工业资产阶级的力量还很薄弱(只是在工业革命以后，在1830年左右，工业资产阶级才左右了国家政治局势，最终改变了贵族与资产阶级之间、资产阶级内部的金融资产阶级与工业资产阶级之间的力

① 恩格斯：《社会主义由空想发展为科学》英文本导言。见《马克思恩格斯文选》两卷集，第2卷，1955年莫斯科中文版，第106页。

量对比）。中下层资产阶级在政治上是没有地位的。统治着农村的是乡绅。农民因为圈地运动大量破产，到1750年左右，自耕农实际上已经绝迹。工业无产阶级方在形成，还没有成为政治力量。占人口绝大多数的无产阶级、半无产阶级与农民享受不到丝毫政治权益。选举权只给予有一定财产的人，十八世纪中叶，每四十八人才有一人有选举权。下院的议席可以用金钱买卖，选举也多为当地贵族、乡绅所操纵。许多几乎没有人居住的村镇仍可以选举议员。这样“腐朽的选区”产生的议员，几乎占了全部下院议席的一半。而新兴的工商业城市却不能选举议员。这种现象在笛福的《不列颠岛周游记》中有所反映。整个英国是土地贵族、金融寡头的天下。

笛福无论从出身、教养，还是从经历方面说，都属于资产阶级中下层。在1688年以后的英国，中小商人、企业主、手工业者等以及后来的工业资产阶级都不是当权派。他们在根本问题上，在对劳动人民与殖民地人民的剥削上，与大资产阶级、资产阶级化的贵族没有分歧。但是他们没有社会地位，政治权利也受到很大限制。这个阶层的人，许多是“不从国教者”，即信奉英国国教会以外的其他基督教新教教派。根据当时的法律，他们不能担任公职。下院的议席也为乡绅、地主与大商人所独占。他们往往根据统治阶级从未兑现的“权利宣言”，借口“人民”、“宪法”或“宗教自由”来争取自己的政治权利。在经济上反对垄断，主张自由贸易。笛福的父亲是伦敦的一个肉店老板，是一个“不从国教者”。笛福在“不从国教者”所立的学校里受教育，以后就经商。在威廉三世到英国时，他已是伦敦较体面的商人了。他经营过袜子批发，烟、酒进口，航海保险等，到 1692 年由于战争的影响和其他原因而破产。以后他为威廉三世所用，奔跑于英国和苏格兰，写论文支持政府的行动，并且为答复反动势力嘲骂威廉非英国人而写了有名的长诗《真正的英国人》。他用威廉给他的报酬开办了一个砖瓦厂，又逐渐富裕起来。1702 年，威廉三世逝世，安娜女王继位。笛福在这一年 12 月 1 日出版了《惩治不从国教者的捷径》，受到了托利党①人、国务秘书那庭干伯爵的迫害，他再一次破产。这件事影响了笛福后半生的生活道路。

《惩治不从国教者的捷径》是一篇讽刺文，是对主张限制非国教教徒的托利党人的攻击。我们知道，当时英国的政治斗争，往往以宗教斗争为其表现形式，封建贵族与资产阶级都惯于以宗教为名谋求自己的阶级利益。当时的欧洲君主专制的王室都是信奉基督教旧教（天主教）的，如法国、西班牙，而新教国家多是资产阶级比较有力量的国家，如英、荷等国。信奉旧教的反动的斯图亚特王室统治英国的时候，资产阶级掌握的议会在 1673 年通过了“宣誓法”，规定只有按英国国教会仪式领圣餐的人才能担任行政与军事职务，其目的在防止拥护斯图亚特王室专制的、亲法的天主教徒掌权。1688 年政变以后又通过了“容忍法”，规定国教会以外的新教徒只要每年在国教会教堂领圣餐一次（即所谓“间或服从国教”）也

① 托利党和辉格党是当时的两个政党，它们都是代表统治阶级利益的，其界限不是很严格的。一般说托利党更多代表大地主、门阀贵族和英国国教会的正统派，其极右翼主张斯图亚特王室复辟。辉格党更多代表“金融贵族”资产阶级上层，非国教教徒的利益。当时有所谓“地产利益”与“金融利益”、“高教会”与“低教会”之说，即指此。笛福就其政治主张来说是辉格党。

可以担任公职。在当时非国教会的新教徒多半是资产阶级、特别是中小资产阶级分子，而辉格党是主张对他们“容忍”的，托利党则主张对他们加以限制。1702 年，在下院占多数的托利党为了树立该党巩固的统治，在下院通过了“防止间或服从国教法”，目的是排除可左右选举的各市镇的行政官中的非国教会教徒，而代之以当地地主，这就可以保证托利党的多数席位。在这时笛福的《惩治不从国教者的捷径》出版了。他装作一个极右的托利党人的口气，故甚其词地提出了镇压不从国教教徒的办法——包括将其首领处以极刑。他还用了许多夸张的词句，使人看出破绽，觉得这些意见过分顽固，十分可笑。据说，初发表时许多不从国教者看了愤怒异常，而一些托利党人反而很高兴。如果真有其事的话，那么，这是由于这些人根本不懂得讽刺。笛福在这里用的本是常用的一种笔法。斯威夫特(Jonathan Swift，1667—1745)为了抗议英国统治阶级对爱尔兰极为残酷的剥削，使爱尔兰人民赤贫如洗，写了《一个谦卑的建议》，愤怒地提出以小孩作食物，或出口，以解决贫穷问题。同样，笛福建议用在英国久已绝迹的对异教徒残酷的迫害办法来暴露托利党人，真正的意思是反对限制信仰，主张宗教自由，而最终目的则是维护信仰其他新教教派的工商业者的政治权利。

执政的托利党人当然懂得他说的是什么意思，担任国务秘书的那庭干伯爵在 1703 年 1 月 3 日下了逮捕状。笛福一面躲藏起来，一面写信给那庭干，请求原谅。他说，如果实在不能求得宽恕，则希望以绅士待他，不要使他受“监禁、枷刑之类的惩罚，那对我比死还坏”。为了“赎罪”他建议自己出钱装备一队骑兵，由他亲自率领为女王效忠。那庭干以更积极的搜捕来回答。笛福终于在 5 月里被捕。7月初法庭判决的处罚恰是他最害怕的“监禁、枷刑”，此外还有罚款，并要他“保证以后七年中行为端正”。这个判决按当时标准也是过苛的。在执行前后，那庭干几次亲自审讯，甚至破例到狱中去审问。其间曾有政界要人为他说项，枷刑示众的执行两次延期。那庭干的目的是要笛福招认这篇文章是新去世的威廉三世时得势的辉格党首领主使他写的，以便对辉格党进行打击，其次才是惩治敢于反对执政党、主张宗教自由、要求开明政治的笛福。那庭干没有得到什么口供，于是笛福从7月29日至31日每天上午11点至下午2点之间分别在三处闹市受到枷刑示众的侮辱。

所谓枷刑，就是让犯人站在临时在闹市搭起的高台上，头和两手分别放在枷板的三个洞里，枷板由一个高过人肩的架子支着。通常，看热闹的人群对受刑者叫骂，向他投掷脏东西。但是，当笛福站在这里的时候，周围却是一大群同情的市民，对他欢呼，向他献花，为他祝酒。他的《枷刑颂》也在这一天出版，在观众中出售。在这首有名的长诗里，他攻击执政者是非不分、黑白颠倒：煽动人们迫害宗教异己的牧师、作家，贻误军机的腐败无能的将领，操纵证券市场的投机奸商，昏庸徇私的法官与治安官，酗酒的和好色的牧师，陷害好人的律师……等等，这些该受枷刑的人逍遥自在，而敢于说出真理的人反而受害。他说，这样不公平的刑罚只能教人作恶。至于迫害他的掌权者，今天的法律虽然不能奈何他们，也不允许人讽刺他们，但在将来失势时他们总要受到惩处。笛福这首为自己辩护的诗是对构成这场政治迫害的反动政客的抗议书，它揭露了上层社会某些罪恶和当时政治的腐败。这首诗是笛福最有力量的作品之一。

这场官司使笛福的砖瓦厂倒闭,他再次破产。枷刑示众以后,他无钱交付罚款,仍被关在狱中。9月里,当时任下议院发言人的罗伯特·哈莱写信给财政大臣葛德芬伯爵,建议秘密以女王的名义送他一笔钱交上罚款,这样可以控制住笛福,并使他为他们效力。葛德芬同意了这种做法。笛福就这样在11月被释,正式释放书次年(1704年)七月始发下。此后他就被政客牢牢抓住。安娜女王时他先后为葛德芬和哈莱所用,替他们办报纸,到全国各地,特别是苏格兰进行调查动向、影响舆论之类的工作。为促成1707年英格兰与苏格兰的合并,他出了不少气力。安娜女王逝世后,汉诺威王室的乔治一世继位,辉格党人得势。笛福因为替托利党的哈莱内阁做过事,这时又一次被捕,但不久即被释。

笛福一生和二十六种报刊有过程度不同的关系,写了大量的报刊文字,此外他还写了许多小册子与专著。他写作的数量是惊人的。他还不断地经营商业,但都没有成功。他在后世主要是以小说家为人所知,而他第一部长篇小说《鲁滨孙漂流记》是在他五十九岁时(1719年)才出版的。这部小说受到了读者热烈的欢迎,他就接着写了《续集》。此后他大致以每年一部的速度写了不少长篇小说,其中比较有名的有:《摩尔·弗兰德斯》、《伦敦大疫记》等。

直到晚年,他还是负债累累,最后避债离家,1731年客死在外。

笛福一生的活动是多方面的。单是他的文字工作就包括了政治、经济、文学、历史等方面。但是中心思想、基本主张却不复杂,那就是一切为资本主义发展,为资产阶级利益。不管他为哪个内阁服务,这一点是不变的。他是相当典型的新兴资产阶级的代言人。

十七、十八世纪之交正是英国资本主义生产开始大规模发展的时候。英国的面貌比起封建时期已有了显著的变化，落后的、保守的势力咒诅这种变化，想使英国退回封建时代。笛福则欢迎这种变化，并且歌颂它。例如当时有一个议员提出一件提案，主张使贫民定居在各自的教区进行生产，使各教区做到衣物自产自用。笛福指出：这是“叫我们返回原始状态，使每一村落自成一邦，与四周互不依赖。这样，五个农民各作一种最普通的行业就能供给全教区的衣食，这样一来还有什么你们称之为贸易的东西呢？这个办法就要使我们已有的二百万人失业”。他认为苏格兰贫穷的原因就是贫民的衣着是靠自产原料、自纺、自织。[①] 可以看出笛福是多少意识到从封建社会到资本主义社会的转变。他指出当英国还不懂贸易的时候，英国人分做主人与奴仆，农奴为领主服劳役，过着乞丐似的生活，对领主绝对服从。那时不鼓励制造业，“裁缝是唯一的商人，而鞋匠是最大的制造业者”。而一旦英国人开始从事商业和制造业，英国的面貌就有了很大的改变：穷人挣工资，而不是以劳役换取衣食，对地主不再服役而是交租；建立了手工业师徒关系等等。[②] 笛福当然不了解这一切变化是生产力发展而产生的资本主义生产方式所带来的，他把它首先归之于贸易、制造业，把

① 笛福：《评论报》1709 年 7 月 9 日，见《评论报摭华》(The Best of Defoe's Review, ed. W. L. Payne, 1951)，第 143、145 页。

② 参看笛福《英国商业计划》(A Plan of English Commerce, Shakespeare Head Press ed, 1927)，第 34—37 页；摩尔：《笛福：近代世界的公民》(J. R. Moore: Daniel Defoe: Citizen of the Modern World, 1958)，第 306 页。

社会发展的功绩给予商人。他对资本主义的发展只是一味歌颂，似乎它既给富人也给穷人带来幸福，他根本看不见资本主义发展给劳动人民、特别是农民因地主养羊或改进种植方式而进行的圈地运动所造成的破产与赤贫化，他也看不到手工业工人所受到的残酷剥削。这是他资产阶级本性的表现。但是，与当时社会上存在的反动、保守封建意识代表者的开倒车的思想比较起来，他的思想有一定进步性，它反映了新兴阶级的阶级意识。

他认为贸易是社会进化、国家富强的根本原因。他的口号是：贸易就是一切。在他卷帙浩繁的作品中有很大一部分是论贸易的，他一再表示贸易是他最喜欢写的题目。他的基本观点是："贸易鼓励工业，促进发明，雇用人民，增进劳动，付给工资"，[①]人民有工作，就不会到处流浪，人口就会增加，消费也随之增加，物价就会上涨，地租也会因之而提高。所以贸易使国家富强，对全国富人贫民都有好处。他认为贸易是关键，但不是唯一的。贸易和土地有不可分割互相滋养的关系；土地提供原料，贸易提供市场。"如果贸易与土地，即本国的财富，分裂不一致，则整个国家就会停滞"。[②] 这里可注意的是，他所理解的农业已经是为资本主义服务的农业了。他也指出贸易与制造业、航海业是母与女的关系。我们可以从他在 1710 年 9 月 5 日寄给罗伯特·哈莱的关于发展苏格兰的意见中看到他具体的意见：

"我们说的促进苏格兰的发展，就是增加人民的财富，这只有

① 《英国商业计划》，第 13 页。

② 《评论报捃华》，第 113—114 页。

促进贸易才能做到。贸易带回财富，增加人民的就业使他们安居本国”……

办法是：

“促进贸易：航海业与对外贸易

　　制造业，使贫民做工

农业：改变耕作方法

　　种植、圈地、修整土地

　　接枝、饲养乳牛等”①

所以笛福给一个国家提出的富强之道，是以商业、尤其是海外贸易业为中心，带动工业、航海业和农业发展的资本主义发展道路。笛福在他的一生中还提出了不少具体发展资本主义经济、反映商人利益的意见，包括收在本书中的《计划论》(1698年)。他在这篇文章中提出的中央银行，对于资本主义发展是有利的，可以使商人免于受高利贷者的重利盘剥，关于保险、破产、商民法庭等也都是为了保护商人、特别是中小商人的利益为出发点的。年金局实际上是一种保险企业的性质。至于海员登记，是为了保证海外贸易商有足够的水手，并且压低海员工资的措施，对海员是谈不上有什么好处的。

既然笛福认为贸易是使国家富强的中心环节，他就必须解决商品的市场问题。他提出的主要办法就是扩张殖民地，掠夺殖民地，与落后地区的民族进行贸易。威廉三世是积极推行与法国、西

① 《笛福书信集》(The Letters of Daniel Defoe, Ed. G. H. Healey, 1955)，第278—279页。

班牙等国争夺殖民地的政策的，华尔特·罗利爵士也是伊丽莎白女王时代著名的殖民者。这样的人物最为笛福所崇拜。他自己曾经营过与殖民地的贸易，而鼓吹殖民也就成为他一生最有兴趣的事情之一。在政治、经济著述中，他宣传殖民地的重要性；在给大臣的函件里，他提出占领殖民地的具体意见；在文学作品里，他塑造了殖民主义者鲁滨孙的形象。在他临死前增订出版的《英国商业计划》是他讨论商业问题的系统著作。他的殖民主义的思想在这里也表现得最完整。在这本书的绪论里，他抱怨英国在夺取、发展殖民地方面还不如西班牙、葡萄牙积极。他说，"开化那些我们和其他欧洲人已经占领的国家，让赤身的野人穿衣服，教会野蛮民族怎样生活"，这样就使得"那些民族每年需要我们供给的毛织品及其他货物都要比前一年多一些"。[①] 他向当时的财政大臣牛津伯爵（即罗伯特·哈莱）建议占领智利为殖民地，除了地理条件好以外，他还提到"当地居民是商业的基础"。[②] 他们可以用金子与毛货交换纺织品，此外还可以利用智利为基地与秘鲁人、西班牙人做生意。很明显，他把殖民地当作市场，占领了之后，还要"教当地人民如何生活"，也就是说让他们用英国货。他特别强调穿衣问题，这是因为纺织品是当时英国主要的出口货。

他把贩卖非洲的黑种人为奴隶当作合理合法的事，认为他们是"英国商业在其非洲工厂的产品"，并且按"头"来算账以证明这笔"生意"每年会带来巨额利润，应该加以大力发展。在他看来这

① 《英国商业计划》绪论，第 xi 页。

② 《笛福书信集》，第 347 页。

不但可以使商人赚钱,而且可以使在美洲的殖民者的庄园得到几乎是无代价的劳动力。只要有利润可赚,就是合理合法的事,这是典型的资产阶级逻辑。他塑造的英雄鲁滨孙就是到非洲买奴隶,船失事而到了荒岛。在笛福心目中白种人是有文化的优等民族,欧洲是世界的中心。他眼里只看到了利润,而对蓄奴制度这种最不文明的、惨无人道的罪恶却无动于衷,极力支持。这是笛福思想中最反动的一面。

笛福的政治思想的中心就是给进行贸易的人,亦即资产阶级,特别是中小资产阶级争取政治权利与社会地位,表现得最明显的是他反对门第、等级制度,而对商人及其他资产阶级的人物作了最露骨的称颂。他认为把人分作绅士(包括贵族、世家、爵士、乡绅,军人与牧师也勉强算入这一范围)与平民(包括工商业者、劳动人民)是关于"门第的胡说"。他根据《圣经》,说人类的始祖亚当的家里就已有了工匠,挪亚就是航海业的始祖,那时的人都从事生产,并没有贵族与工匠之分。后来世上人口增多,分散到各地,这就有了商业。其次,他认为现代商业是很重要的社会职业,贵族没落了可以变为商人,而商人发家与贵族联姻又可成为贵族。这里,我们可以看出他也像其他一些资产阶级启蒙运动者一样,利用《圣经》向贵族为资产阶级争取社会平等。反对封建等级观念,这在当时是有一定进步意义的。笛福后来从事文字工作,他的论敌说他"愚蠢不文"、不懂希腊文、拉丁文,这是因为他不是上流社会的牛津、剑桥等学校出身,而是在不从国教派学校里受教育的。他也被他们轻蔑地称为"袜商"。在当时社会上尽管资产阶级已经成为统治阶级中的一部分,愈来愈多的大资产阶级分子成为显贵,但是一般工商业者仍然被贵族、世家所轻视。笛福反对等级观念、门第观念，是为了让资产阶级、特别是中小资产阶级爬上统治地位，当然不是为劳动人民争人权。在他的著作中，他每有机会就颂赞商人，例如，他在《计划论》里说商人是“最聪敏”、“最能干”的人[①]在另一篇文章里，他还说“匠人与手工业工人确实是奴隶，绅士是国家的犁手，而商人却是权利、学问与财富的支柱与促进者”。商人“由于对事与人的普遍知识，有资格担任国家的各种工作”，[②]总之，他把商人看作最有用、最有知识、最能干的人，“我们的商人就是君王”。[③] 在他的文学作品里，他也用形象对商人做了无保留的颂赞。这里笛福像一切剥削阶级的代言人一样，把世界进步归于自己的阶级。劳动人民创造历史的功绩，则被完全抹煞。

在政治权利问题上，他认为最高权利应属于“人民”。他所谓的“人民”，就是资产阶级。1701 年，为了抗议托利党占多数的下院非法扣押肯特郡的请愿代表，他写了致下院的《备忘录》，并亲自带人送到下院。1702 年，又写了《论英国人民集体的原始权利》。在这两篇文章里，他强调“人民”的权利，他说“英国人民既不是国王的，也不是议会的奴隶”、“人民是主人”，而下院议员是“人民的仆人”，如果他们违法或侵犯了“人民”的自由，“人民”有权处理，也有权用非常的办法制止专制。这两篇文章写于笛福沦为内阁大臣工具以前，此后他很少写出这样的作品。这里所反映的基本思想是“权利宣言”中肯定下来而又经过洛克（John Locke，1632—

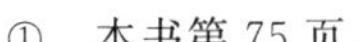

① 本书第 75 页。

② 《评论报摘华》，第 124、125 页。

③ 《英国商业计划》，第 7 页。

1704)理论化的保护资产阶级“人权”的思想。这种思想在笛福所处的启蒙时代，曾经起过进步的作用，对法国的启蒙运动和资产阶级革命有过很大的影响。但其实质不过是保护资产阶级的私有财产，保护他们的政治权利与贸易自由。笛福本人就明白的宣称说：“合法地赚钱，就必须合法地再去赚。属民诚实地劳动，诚实地占有，就应当让他们安享属于他们的财物。这就是我们所说的法律、自由、产权，以及现代常用的类似名词的基础；这就是议会、宪法、政府与服从的目的；这就是世界秩序的真正基础，但愿维持它永远是我们的权利……”[①]十分明显，他认为一切政治权利、政权机构等归根到底是保护私有财产，实质上是保护剥削劳动人民的“自由”(即所谓“合法的赚钱”、“诚实地劳动”、“诚实地占有”)。这诚然比国王、封建贵族、无限制的专制权利要进步些，对发展当时还是新兴的资本主义生产方式有利，但同时，它也具有反动的欺骗作用，它用“人民”等词句掩盖了资产阶级压迫、剥削劳动人民的真相，麻痹劳动人民反对剥削阶级的斗争。

笛福对国家政策的基本看法是维持“国内统一，国外有力”。他拥护英格兰与苏格兰的合并；主张贵族、地主与资产阶级合作，而不要分裂。对外要有实力，要保持“势力均衡”，即不许欧洲任何国家，特别是法国，过于强大。要有实力对付法国、西班牙两个殖民帝国，夺取他们的殖民地，至少要他们承认英国可以和他们的殖民地自由进行贸易。

笛福对许多社会问题的看法，也反映出新兴资产阶级的一般

---

① 《评论报捃华》，第 133 页。

精神面貌。在他早期的作品中，他对封建制度传留着的社会黑暗进行了一定程度的揭发和批判。在比《计划论》晚两天出版的、现存的他最早的小册子《穷人的呼吁》中，他所批评的酗酒、渎神、嫖妓等社会现象虽然不是社会上的本质问题，但值得注意的是他批评贵族、乡绅、治安官等本身就是不道德的人，却还要"治人"，他批评执法者对穷人的不公正，形成了"刑不上大夫"的不平等现象。他在《计划论》里指出许多富人可以不纳税，却要穷人承担赋税，因而主张切实按财产征税。至于对当时主要社会问题之一，即贫民问题，他强调人口多是一件好事，是国家富强的基本条件。贫民问题可以通过发展贸易以扩大生产来解决。他承认犯罪问题的根本原因是贫穷，认为人人都有工作就可以解决这个问题。当然他不会了解失业是和资本主义如影随形地连在一起的。他对妇女问题、教育问题的见解，在当时来看，也是颇能一新耳目的。此外他还揭露了选举制度的腐败、商业投机等等当时社会的一些黑暗现象。

笛福的文学作品中最重要的是《鲁滨孙漂流记》。小说的主人公鲁滨孙是一个不安于现状的人。他不听父亲的劝告，不愿在家享受中产阶级的小康生活，一心想到外面去。他几次航海经商，后来在巴西购置了种植园。这时他本可以定居下来，但他一经别人提议，又去非洲贩运奴隶，遇险独自到了无人的荒岛。在岛上他的生活态度是积极的，他以顽强的毅力与艰苦的劳动改进了自己的生活处境。荒岛上一旦有了第二个人，他就俨然以岛的占有者的姿态出现了。鲁滨孙的对生活的积极态度是以追求个人处境的改善、创造个人占有的财富为基础的。鲁滨孙又是一个早期殖民者的代表人物，他用殖民者惯用的物质与精神武器，即火枪和基督教征服当地土人，让星期五“甘心”做他的奴仆。《鲁滨孙漂流记》是笛福对自己的阶级所作的赞歌。他把商人殖民者写成开辟世界的英雄人物。小说提出的一种积极的、进取的精神与当时占统治地位的阻碍发展、安于现状的封建保守思想形成鲜明的对照。然而，作品毫无隐讳地肯定了利己主义、殖民主义，把占有和利润当作一切积极行为的最根本的动力。《鲁滨孙漂流记》形象地反映了新兴的资产阶级的精神面貌。这部小说在当时和后世都受到广泛的欢迎。笛福是英国文学史上第一个重要的小说家，他实际上起了英国现实主义小说的奠基人的作用，对后来的小说发展很有影响。

笛福是洛克、谢弗茨贝利（Shaftesbury，1621—1683）和博林布鲁克（Bolingbroke，1678—1751）的同时代人，他们的自由思想曾经给法国资产阶级革命很大的影响。伟大的科学家牛顿也是他的同时代人。他所处的时代是启蒙运动时代，是英国资产阶级刚刚与贵族实现妥协的时代，是近代工业无产阶级方在形成的时代。在那个时候，封建残余的势力还存在着，反封建的资产阶级的进步作用还没有消失。笛福肯定了社会进步，批判了那些留恋封建庄园的自给经济的反动保守观念，批评了封建门第观念。对科学技术的进展，他也是抱着肯定的态度。他的政治、经济观点是适应当时资本主义生产进一步发展的需要的。作为在政治上没有权力的中小资产阶级的一分子，他在某些地方与大资产阶级（金融贵族）有一定的矛盾。反对垄断，要求中、小资产阶级的政治经济利益应该受到保障。他的宗教自由的主张实际上也反映了这个要求。同时资产阶级一切唯利是图、利己主义在他身上得到充分的表现。

十九世纪作家斯各脱(Walter Scott,1771—1832)说,鲁滨孙算账要算到最后的三个辨士。笛福也是这样。他冷冰冰地计算利润,只要产生利润,殖民地与本国劳动人民受到的残暴的压榨是不在他的眼下的,他把资本主义的剥削看作神圣的权利,把殖民主义、蓄奴制度看作美妙的秩序。金钱是他的偶像,私有财产是他的圣地。他的一切主张都是从资产阶级的利益出发的。

笛福一生最关心的是发展资本主义经济的问题。他的基本的政治、经济观点,在他前后的著述中大体上是一致的,他的政治生活的变动对此没有发生多大的影响。但是,整个说来,以早期作品较为锐利、有力,本书所选的四篇文章都是他的早期作品,以后所写的一些政论文章,很多是在内阁大臣授意下写出的,是维护政府政策的。这些著述就失去了像本书所选的前三篇文章以及致下院的《备忘录》等早期著作的锋芒。笛福的政论文章和文学作品一样,带着鲜明的资产阶级性质。我们从他的著作中可以了解新兴资产阶级有相当代表性的政治、经济观点;可以看到资产阶级在上升时期对封建意识的否定、对社会发展的肯定,和它与生俱来的剥削、战争、殖民主义、利己主义等阶级性的种种表现。英国是一个典型的资本主义国家,通过笛福的作品,了解资本主义上升时期资产阶级的精神面貌和社会情况,就更有它的意义。

杨耀民

1960 年 11 月

目　　录

惩治不从国教者[①]的捷径
或
为确立国教提出的建议

罗格·莱斯特兰治爵士[②]在他的《寓言集》中给我们讲过一个公鸡和马的故事。有一次，人们把一只公鸡放到马厩里，让它和几匹马住在一起。看来马房里并没有为它预备的鸡架或别的设备，于是公鸡只好栖息地上。结果，几匹马挤挤撞撞地抢地盘，那只公鸡眼看生命难保。因此便郑重地忠告它们说："先生们啊，为了避免你们踏伤我、或者是我踩坏你们，咱们大家都安静点儿不要乱动吧！"

现在世间有些人已经丧权失势，无枝可依，不再高人一等，他们成天提心吊胆，生怕进一步受到应得的惩治（他们这样想确实有其理由）。因此开始和《伊索寓言》中的公鸡一样，大谈什么"和解与团结"，鼓吹什么"基督徒的温和之道"。可是他们忘记了在他们执掌权柄的时候，这些美德却是被他们拒之于千里之外的。

① "不从国教者"主要指的是不信从英国国教的其他基督教新教教徒。这个名词在1688年以后，特别是"容忍法"通过以后才开始流行于英国。尽管不从国教者和国教派之间的斗争极为错综复杂，但是主要反映的是资产阶级和贵族之间的冲突。——译者

② 罗格·莱斯特兰治爵士（1616—1704），英国复辟时期保皇党短文作家，曾经翻译过许多世界文学名著。——译者

到今天，世界上最纯洁和最昌盛的教会横遭摧残已经将近十四年了[①]。它的光荣和安宁受到了威胁、攻击和侵害，有那么一些人趁着一时好运，对它百般侮辱，把它踏在脚下。但是它以不可战胜的坚韧精神忍受着恶人的辱骂。结果，上帝终于听见了它的祈祷，把它从异邦人[②]的压迫下解救出来。

现在，这些人发觉大势已去，他们的好日子完结了，我国已经有了一位英国国教的忠实教徒和朋友，真正的英国皇族贵胄[③]即位。他们看出英国国教的正当愤慨将给自己带来什么危险，于是大声疾呼，叫嚷什么和解、团结、宽容、仁爱等等，好像国教对她的敌人纵容得时间还不够长似的，应该对这一窝险恶的毒蛇继续哺育下去，直到它们嗞嗞地反噬养育着它们的母亲。

不，先生们，讲宽容的时期过去了，宽容你们的期限已经结束！如果你们当真盼望和解、温和与仁爱，那你们早就该以身作则。

在以往的十四年中，我们从来也没有听到过这种教诲，我们所领略到的只是你们那个“容忍法”[④]的威胁和恐吓。你们曾经告诉我们说，你们和别人一样，同样是依法建立的教会；你们曾经对着我们的教堂门口修建起你们那些虚伪的异教徒礼拜堂。国教和它的教徒受尽了指责，被迫立下各种誓言和书面誓约，发誓断绝原来

---

① 本文写于1702年，“将近十四年”这句话指的是从1688年威廉执政以后对不从国教者较为宽容的这一段时期。——译者

② 指威廉·三世，他在1688年来英国之前是荷兰的亲王。——译者

③ 指詹姆斯二世的女儿安娜女王，这里着重提出她是“英国人”，其实暗含着对贵族集团的讽刺。笛福在1701年写了一篇讽刺诗《真正的英国人》，嘲弄贵族这种可笑的观念。——译者

④ “容忍法”于1689年通过，规定给不从国教者以自由礼拜的权利。——译者

的各种关系等等；那时候，你们的“怜悯、宽容和仁慈”到哪里去了？你们为什么不把这些恩惠施给英国国教敏感的良心呢？要知道，英国国教发起誓来不会像你们制定誓约那样迅速，当他们宣誓效忠自己的正统合法的君主[①]以后，在这位君主还在世的时候便不能背弃原来的誓言，向你们那大杂烩式的荷兰政府宣誓服从。你们夺去了这些人的教会俸禄，迫使他们一家老小忍饥挨饿。你们对他们的产业加倍征税，用这些钱去进行一场不容他们过问而你们从中也一无成就的战争[②]。你们凭什么理由用你们新创出的那套诡辩政治迫使民众违背自己的良心，像法国的叛教者[③]一样，为了吃饭不得不犯背教之罪。现在形势转变为不利于你们了，你们却来这一套“切不可对别人迫害啦，这不是基督徒的精神啦！”等等。

你们杀害了一个君主[④]，废黜了另一个君主[⑤]，又立了第三个伪君[⑥]，却居然还有脸来希望得到第四位君主的重用和信任。一个人要是不知道你们这一派的习性，对于你们这种厚颜无耻和愚蠢透顶的打算一定会万分吃惊。

你们把你们那位荷兰君主完全变成了一个俱乐部国王，这种

① 指被驱出国的詹姆斯二世。——译者

② 指英荷联盟的对法战争。这次战争受到英国资产阶级的支持拥护，在安娜女王即位后这场战争仍然继续进行。——译者

③ 路易十四于1685年废除确立信教自由的“南特勅令”，法国的新教徒中有人迫于威胁，只好改变信仰。——译者

④ 指英国资产阶级革命时期的查理·斯图亚特，他于1649年1月被革命法庭判处死刑。——译者

⑤ 指1688年政变中被迫退位的詹姆斯二世。——译者

⑥ 指1688年进入英国的威廉三世。——译者

做法，已经使日后任何王子看透你们的原则，引以为戒而避免被你们操纵。谢天谢地，当今的女王没有落在你们的掌握之中，她知道你们的根底，会留神你们的。

毫无疑问，一个国家的最高权威本身对其治下国民中的任何一部分人都具有执行法律的权力，也有资格具有这种权力。我国的那个狂热的党派大嚷大叫的所谓“迫害”，只不过是政府执行我国原有的法律[①]，并且执行得不再那么软弱温和罢了。他们对这种措施极尽夸大之能事，好像连法国的胡格诺教徒[②]所遭受的痛苦都比不上他们似的。当初这些人自愿同意制定这些法律，后来却又故意触犯，对这种人执行国家原有的法律绝不能叫做“迫害”，只能说是“公正”。但是“公正”在任何作奸犯科的家伙看来永远都是“暴虐”，因为每个人在他自己的眼睛里都是无辜的，英国最初执行惩治“不从国教者”的法律是在国王詹姆斯一世的时代，说真的，那时他们最坏的遭遇是什么呢？也只不过是依照他们自己的请求，让他们到新英格兰去建立一块新殖民地，给予他们种种优越的特权、补助金和适当的权力，保护他们，为他们抵御一切侵略者，不向他们征收一文钱捐税。这就是英国国教的残酷！唉，致命的仁慈啊！国王查理一世那位圣君就断送在这一点上了。假如当初詹姆斯国王把英国的所有清教徒都送到西

① 1689年通过的“容忍法”并没有全部明令废除对宗教的限制，但当时对宗教有迫害性的各种法律大都无形中被搁置起来，虽未废除也不执行了。这里所说的“原有的法律”指的就是这些被弃置到一边的宗教迫害的法令。——译者

② 法国的基督教新教教派。路易十四废除“南特勅令”以后，对胡格诺教派大肆血腥迫害：如用酷刑逼他们改做弥撒，拆散他们的家庭，男的送上船去摇桨，妇孺被捆绑起来逼着改变信仰等种种令人发指的暴行。——译者

印度群岛去，我们就会有一个全国一统的纯正教会，英国国教就会保持住她的完整。

看看他们是怎样报答老王这种仁慈待遇的吧！他们拿起武器来反对小王，把他打败、追捕、俘虏、囚禁，最后竟至悍然杀害了奉天承命的一国之主。他们毁灭了政府的灵魂和本质，拥立一个卑鄙的骗子[①]，他既没有君临天下的资格，又不懂治国的经纶，只能用野蛮的暴力、阴谋诡计和血腥而肆无忌惮的国务会议来弥补这种缺陷。

要是国王詹姆斯一世充分执行了法律，对他们进行严峻的惩处，就可以把他们从国内清除，而结果很明显：他的儿子就绝不会被他们杀害，一代国祚也不会断绝。断送了他的后嗣，破坏了国家安宁的，就是由于他对他们失之过宽。一个人一定会这样想：不从国教者的心里既然明白，他们曾以国内战争和难以容忍的暴虐迫害两次报答我们早先的宽厚，要是仍然以为我们还会听信他们的甜言蜜语和哀求而和他们讲什么"和解、宽容"的话，那他们可真够不知耻的了。

不，以往的事实教训我们不能再对他们宽大为怀了。在他们得势的时候，他们没有一次对国教不是尽量苛刻对待和竭力排挤侮弄的：在他们成立共和国[②]的那段得意时期中，他们对信从英国国教的保皇的贵族讲过什么"和解、宽容"吗？他们当初又是怎样绑架英国贵族勒索钱财，而不管这些人是否真正为国王打过仗；怎

① 指后来被推为护国主的克伦威尔。——译者

② 指查理二世复辟前的共和政治时期，自 1649 年起到 1659 年止。——译者

样逼迫人们拿出自己的产业来免祸，害得他们全家挨饿的呢？他们当初是如何对待英国国教的圣职人员的呢？他们解除牧师的职务，侵吞教会的财产，把教会的土地拿去分给他们的士兵，把国教的牧师从教堂中逐出去挨饿……。现在是以其人之道还治其人之身的时候了！

仁慈和博爱是英国国教一贯遵循的原则，显而易见，她对于不从国教者已经实践了这种美德，甚至都超过了他们应得的限度，直到她本身感到匮乏，实际上苛待了自己的教徒；尤其是已经提到的国王詹姆斯一世，实在宽厚得太过分，如果他早把我国的清教徒清除干净（他早就有这样做的机会），他们就不可能像后来那样欺凌国教了。

在国王查理二世时代，国教是如何以德报怨的呢？它不咎既往，宽恕了他们那种血腥的罪恶，除去僭用法庭名义的弑逆者以外[①]，没有一个人为那场不应有的战争所流的全部鲜血受到过惩处。詹姆斯国王皇恩浩荡，宽仁大德，抚助他们，宠信他们，任用他们，行仁政，轻刑典，有时候甚至不听议会的劝谏，给他们以信教的自由。但是他们又是怎样恩将仇报的呢？他们筹划了卑鄙的莱府阴谋[②]，企图废黜和刺杀国王以及他的继承人。

仁慈就像是这支皇族的先天品质一样，詹姆斯国王即位以后，

① 1649年，英国革命势力为审判国王罪行，曾成立了由一百三十五人组成的最高特别法庭。复辟后，十二名曾经参与判决查理一世死刑的人被反动势力处死，而且连克伦威尔的尸体都受到了侮辱。所以下一句话显然与事实不符，是笛福的讽刺。——译者

② 1681年辉格党人的议会被解散后，一部分军人密谋在莱府（Ray House）暗杀查理二世，并未成功。——译者

也对他们特别恩宠，连他们和蒙茂斯公爵[1]串通谋反这件事都没有使国王对他们严加追究。这位想错了的君主打算用仁爱和温情来感化他们，明令公布给予他们普遍的自由[2]，宁愿委屈英国国教而不愿让他们不满，但是全世界都知道他们是以什么报答他的。

前一朝（威廉三世）的情况人们记忆犹新，无需多加赘述。他们干了些什么呢？他们打着和国教同心协力[3]平息民愤的幌子，和一些误入歧途的绅士们联合起来把事情弄到如此极端的地步，竟至废黜了那位已故的国王，好像不把那位国王搞垮就不足以平民愤似的。这就是他们的癖性和他们所说的和解与仁爱的一个实例。而在他们的国王当政时期，他们的气焰高到了什么程度呢？他们如何钻进了一切有利可图的重要部门，怎样用曲意奉承博得国王的宠信，优先占据国家要津，以及他们如何独霸牧师的职位，特别是他们的政绩多么可怜，所有这些事实都彰明昭著，不需要我们再作任何评论。

特别值得一提的是，他们向我们谈了这么多的“仁慈”、“宽容”和“团结精神”，而他们自己在这方面做得怎样呢？这在苏格兰表现得极为明显。如果有人想要看看不从国教者的仁爱精神，那就请他仔细看看苏格兰吧！他们完全征服了那里的教会，粉碎了各

---

① 1685年，蒙茂斯公爵发动反对詹姆斯二世的武装政变，失败后，蒙茂斯本人被捕处死。——译者

②③ 詹姆斯二世蓄意恢复罗马天主教，他发布“信教自由会”正是为了实现这一阴谋，所以招致国教派和清教徒的一致反对（英国在亨利八世进行宗教改革后，国教与罗马教廷断绝了关系）。所谓“和国教同心协力”，指的就是这件事。在策划迎接威廉入英的时候，有一部分托利党人参加。文中所说的“误入歧途的绅士”就是指的这些人。——译者

派神圣的教团，镇压了主教派教社，取得了绝对的胜利。他们并且认为战败者已经一蹶不振万难再起了，这种情况也并非完全没有可能，不过他们也许会发现自己是想错了[①]。现在，我们可以向他们那些厚颜无耻的宣传家和观察家提出一个再适当不过的问题：请问，主教派教徒在苏格兰得到了苏格兰长老会教社多少宽恕和恩惠呢？然而我敢代替英国国教担保，不从国教者在这里仍然会得到同样多的宽恕和照顾，尽管他们理当受到排斥。

从一篇记载苏格兰主教派牧师的痛苦情况的短文中，我们可以看到他们曾受到什么样的待遇。他们不仅失去了教会的俸禄，而且在某些地方亲身遭到劫掠和侮辱。凡是不信奉苏格兰国教的牧师都被赶出了教会，他们拖着一大家子人，生活没有一点着落，连勉强能够糊口的救济金都得不到。这帮人的残酷行径难以一一列举，在这篇短文里就不打算多谈了。

现在，他们感到自己大祸临头了，为了不使那片遥远的乌云也出现在英国的上空，他们实行了真正的长老派政策，鼓吹英格兰苏格兰合并，让英国教会和苏格兰教会合而为一，让他们的长老派议员坐进我们的下议院，让他们那些装腔作势的僧侣参加我们的教士会议。假如再让我们这些狂热的辉格党政治家继续掌权的话，会发生什么事情，那真是只有上帝知道了。不过，我们希望现在用不着再担这份心了。

① 在苏格兰，长期以来存在着复杂的宗教纷争。威廉入英后，鉴于詹姆斯党在苏格兰的势力庞大，便出兵苏格兰，粉碎了詹姆斯党人的力量，立长老会为苏格兰国教。虽然其他教派受到一定的排挤，但威廉实行的主要仍是信教自由政策，而且使政教分离，以世俗人代替教士掌握政权。不久以后，苏格兰便与英国合并。——译者

某些异教派有这么一种打算，他们开始恐吓我们说：如果我们不和他们携手合作，他们就要在王位继承问题上和我们再启争端[①]，一待女王陛下百年之后，他们便要按照自己的意思挑选一个国王。

如果他们不肯同意，我们就强迫他们同意，我们要让他们知道我们有能力这样做，这已经不是第一次了。到目前为止，这些王国的王室[②]并没有否认自己的继承权，他们可以重新继承王位。如果苏格兰不想拥戴有继承权的君主，而要自行推选政府，那么英国便可以不顾他们那个荒谬的践祚令，支持拥有正当权利的继承人，帮助他即位，因为英国并没有答应在这方面受任何约束。

这就是这些绅士们的嘴脸，这就是他们在国内外对待教会的方式。现在，让我们看一看他们硬说我们应该照顾他们，应该继续对他们容忍所举出的理由吧！

> 首先，他们说他们人数众多，在国民中占的比例很大，因此我们不能镇压他们。

关于这个问题，可以作如下驳斥：

1. 他们并没有法国的新教徒那样多，可是法国国王却能够迅速地把他们从国内清除出去，直到现今我们也没有发现法国国王对他们有什么怀念[③]。

---

① 1701年，托利党和辉格党在王位问题上达成协议，通过“践祚令”，规定安娜女王如无子嗣，则以汉诺威家族入继。这说明资产阶级和贵族缙绅都反对维护罗马天主教的国王。但当时也有不少托利党人希望斯图亚特氏复辟。——译者

② 指兼领英国和苏格兰国王的斯图亚特家族，例如詹姆斯一世即苏格兰王的詹姆斯六世，詹姆斯二世同时为苏格兰的詹姆斯七世。——译者

③ 路易十四对新教教徒的迫害引起人民大量逃亡国外，若干年间，偷出国境者达数十万人之多，其中有很大一部分是工匠和商人，使法国的国力受到很大损失。——译者

同时,我并不认为他们的人数真有他们所吹嘘的那样多。他们的党派要多于他们的人数,那些误入歧途的教徒受他们甜言蜜语的欺骗和引诱,暂时和他们结成一伙,扩大了他们的党羽。然而,一旦政府当真动起手来,这些人便会睁开眼睛,像人们常说的那样:树倒猢狲散。

2. 人数越多,危险越大,所以就更加需要对他们进行镇压。由于我们没有及早把他们彻底消灭,上帝已经让我们受够了他们的骚扰。

3. 如果我们不准备镇压他们仅仅是因为担心我们的力量,那我们就理该先试一下,看看我们到底有没有这个力量。在我看来,这件事并不困难,如果合适的话,我可以列举各项具体实行的方案和手段,不过我深信政府一定会想出种种有效的措施,把这些祸根从我国国土上连根挖掉。

> 其次,他们的另一个理由是:现在正值战时,我们需要联合起来反抗共同的敌人[①]。

我们的回答是:如果不是他们挑衅,这个敌人并不会与我们为敌。人家本来挺安稳,丝毫也没有打扰或侵犯我们,我们不知道为什么要和人家轻动干戈。

此外,我们坚信没有他们的帮助,我们也对付得了这个敌人。因此,我们凭什么因为有外敌当前就要和他们联合呢?如果我们不和他们联合,难道他们就要倒向敌人那边去吗?他们要是那样的话,我们倒非常满意,而且毫无疑问,我们必将在准备对付敌人

---

① 指和英国作战的法国国王路易十四。——译者

的同时也要对付他们。没有他们比有他们要好得多。

而且，如果说我们有大敌当前，那么为安全起见，就越发需要先清除私敌。既然有了外患，就更不能容许有内忧。

在反对废除旧币的时候，就曾有人提出一项重要的理由：现在正值战时，国家这项措施过于冒险，万一我们不能控制全局，那就要天下大乱了。可是结果证明，危险并不像估计的那样严重，局面是可以控制的，得到的成果是合算的。同样，镇压不从国教者并不是一件比这更困难的事情，而且对于公众来说也一样是当务之急。辉格党主义、宗派组织、分立主义，这些东西像旧币一样一天不被摒除，我国就一天不能出现稳定、持续、统一而又平静的局面。

如果尽谈困难，就会把他们这一党的力量想象得过于强大可怕，因而使自己减了勇气，其实他们已经完全无权无势了。远远看来，往往是困难重重，可是当我们冷静地对它们加以仔细的分析，剥去它们那唬人的外衣以后，它们就没什么了不起的。

我们不会被困难吓倒。有了我们自己和他们的经验，现代的人们要比过去聪明多了。国王查理一世要是采取更加审慎的措施，早就把这一党人镇压了下去。总之，论武力他们不值一提，他们的蒙茂斯、沙夫兹勃里[①]和阿吉尔[②]这辈人已成过去，他们的荷兰避难所也已完蛋大吉，上天已经为他们的毁灭安排好了条件，如果我们不抓住这个天赐良机，就是我们莫大的罪过，等日后我们想起当初本来有机会根除自己的死敌，为英国国教做一件天大的好

① 沙夫兹勃里(1621—1683)，辉格党的政治领袖。——译者

② 这里可能指的是苏格兰贵族，威廉三世的积极支持者阿契鲍德·坎普尔·阿吉尔(1651—1703)。——译者

事，而我们却白白放过去了的时候，可就悔之莫及了，到那时，恐怕我们就只有悲叹“时乎时乎不再来”了。

在这方面还有一些很普遍的反对意见。

> 第一，女王已经答应让他们继续享有信教自由的权利，并且她也告诉过我们她将严守自己的诺言。

女王陛下愿意做什么，我们当然无权过问，但是她作为教会领袖应当怎样做，却是另一回事。女王陛下已经答应保护和捍卫英国国教，实际上，如果不消灭不从国教者就不可能做到这一点，那么她当然就得撤回一项诺言，以便遵行另一项[①]。但是，针对这种吹毛求疵的说法，更有效的回答是：女王陛下从来也没有答应过维持信教自由可以损害国教，相反地，它恰恰是从这样的假定出发的，即：信教自由绝不能和女王陛下宣布过要特别加以保护的国教的昌盛和安全相冲突。如果这二者不能并存，很显然，女王陛下的意图便是支持、保护、捍卫和确立国教。而我们认为这二者是不可能并存的。

> 也许有人会说：目前教会并没有受到不从国教者的威胁，因此一切可以从长计议。但是这个理由也站不住脚。

1. 假如危险的确存在，那么，我们非但不能因为它还要隔些时候才发生便不加过问，反而要尽快防患于未然，不然的话，以后再动手，时间便可能太晚了。

2. 眼前摆着大好良机，也许还是教会巩固自己消灭敌人的空

---

① 玛丽·安娜于1702年即位后，在第一篇演说中说，她将保护一切臣民，但她又说：“教养与心趣使朕忠于英国国教，故最热心于国教者，朕将最加眷顾。朕保护臣民虽一视同仁，对此等人将格外照顾”。——译者

前未有的唯一良机。

国民的代表们现在已经有了机会，一切善良的人所盼望的，*英国*绅士可以为*英国*国教效力的时刻来到了。现在，他们得到了一个信奉*英国*国教的女王的保护和鼓励。

当有人来给你的妹妹提出婚事的时候，你打算替她怎么做呢？[①]

如果你想建立世上最好的基督教会，

如果你想镇压狂热的异端精神，

如果你想把那些长期以来一直吮吸着母亲鲜血的小毒虫从我国消灭干净，

如果你想使自己的子孙后代不受宗派和叛逆的危害，

那么，现在是时候了！

这种骚扰治安的异教徒莠草长期侵扰着教会的安宁，侵害了良好的谷物，现在是根除它们的时候了！

> 但是，另一个没有主见的反对者说：这样做岂不是要重新恢复火刑，恢复火焚异教徒的法令了吗？这种举动性质未免有些残酷，在全世界面前显得太野蛮了。

我的回答是：这是一种对冷血的毒蛇或癞蛤蟆的残酷，因为从它们那种有毒的本性来看，弄死这些东西就是对邻人的仁慈。我们要弄死它们，并非由于自己受到了什么损害，而是为了防患于未然，并不是为了它们已经干出什么坏事，而是为了它们可能要犯的

① 据圣经《创世记》第 34 章，希未人示剑先强奸了雅各的女儿底拿，然后才向雅各来说亲。底拿的两个哥哥为了替妹妹报仇，用计杀尽了示剑族的男人。——译者

罪恶。

毒蛇、癞蛤蟆这类东西会伤害人的身体，毒死娇嫩的生命；而这些家伙们却毒害人的灵魂，侵蚀我们的子孙，诱惑我们的孩子，破坏我们的真正幸福和未来吉运，使普天下的人全都受到玷污！

难道对于这些虫豸还要讲什么法律吗？有些野兽是行猎取乐的对象，狩猎者给它们以奔跑的余地，但是对于某些野兽，人们却要尽可能使用一切狠毒的方法冷不防地给它们当头一击。

我并不提倡火刑，但是，正如斯奇庇奥[①]在谈到迦太基时所说的一样："我们一定要消灭迦太基。"如果我们想过太平日子，想做上帝的仆人或者享受自己的权利，就非得把他们从这片国土上消灭干净不可。至于方式问题，那些有权替上帝执法惩罚国家和教会之敌的人自会斟酌，我就不多谈了。

但是，如果我们受这些似是而非的理由所蒙惑，害怕得到一个残暴的恶名，因而不敢对他们执行正义的制裁，结果便会一无所获。这对于我们的后代，我们心爱的儿女来说，将是一种更加残酷和野蛮的行为，就像我们责怪自己的先辈一样，他们也要责怪我们，埋怨说："你们在一位真正信奉英国国教的女王的庇护和恩宠下，本来有可能把这帮该死的蟊贼从世界上消灭掉的，可是你们却出于愚蠢的怜悯，饶恕了他们；当然啰，这是因为你们不愿意太残忍。而现在呢，我们的教会却受到了压迫，我们的宗教被人践踏，

---

① 斯奇庇奥（公元前185—前129），罗马大将，于第三次布匿战争中毁灭了迦太基城。但是这句话却是老人加图说的，他在出使迦太基时看到该城的繁荣，认为它和罗马的利益不能两立；因此主张毁灭迦太基，他在元老院每次演说结束时都要说一句"迦太基一定要被毁灭"。笛福在这里弄错了人。——译者

我们的财产遭到抢掠，我们的人横遭抓捕，被投入监狱，送上绞架和断头台。你们宽恕了这些亚摩利人[①]，却害苦了我们。事实证明，你们对他们的仁慈就是对你们可怜的后代的残忍”。

当我们的子孙后代落到这伙凶残的坏蛋手中，当我们的教会被一片宗派、分立、狂热和混乱所吞没，当我们的政府为外国人所窃据，我们的君主政体退化成共和国，那时候，这种谴责将是多么公正啊！

如果我们执意要饶恕这伙恶人的话，那倒不如让我们自己把子孙召集到一起，进行一次大屠杀更加来得合理，因为既然是我们把他们带到世界上来，让他们过自由生活，那么也该由我们把他们打发走，而不要由于我们的因循苟安和疏忽，使他们遭到别人的杀戮，却还要嚷什么“这是慈悲啊！”

温良慈悲的摩西[②]，是那么愤怒地冲进营帐，杀掉了三千零三名他心爱的以色列人当中的偶像崇拜者，这是什么缘故呢？杀一儆百以防止全军覆灭，这就是对其余的人的仁慈。

如果我们把眼前这些灵魂受了毒害的人从国土上肃清，日后将会使多少万个灵魂免于被沾染、诱惑而得救啊！

在这方面的做法上，如果只是愚蠢地、不痛不痒地罚他们几个钱是无济于事的。这种办法成全了他们的面子，便宜了他们。但是如果规定：敢于参加非国教徒的宗教聚会、讲道或听道者，一经查知立即处以绞刑或罚做划船苦力，而不是只罚一笔钱缴几个小

① 据圣经，这是在巴勒斯坦和埃及之间专事抢掠的一支游牧民族。——译者

② 据圣经记载，以色列人先知摩西，听说有人拜金牛偶像，便摔碎法板，怒不可遏地杀了三千人。事见《出埃及记》第32章。——译者

角子了事，那样一来，宗教受难者就不会有现在这么多了，殉道精神也就不时兴了。那些为谋取地方长官和市长职位而愿意上教堂的人，宁愿上四十次教堂也不愿被绞死①。

至于说对不参加圣餐礼的人每月处以五先令的罚金，对不上教堂的人每周处以一先令的罚金，这真是一种闻所未闻的办法，它只会更容易诱使人们背弃信仰，这是在让他们用这么几个钱来换取他们可以越轨的自由。如果他们的行为清白无罪，那么，我们为什么不给予他们充分的自由呢？如果有罪，不论出多少钱也不能了结，因为那样一来就等于在向人们出售对上帝和政府犯罪的自由。

如果这是一件滔天大罪，侵害了国家的安宁与繁盛、上帝的光荣、教会的利益和灵魂的幸福，那么就让我们把它列入死罪，给以应得的惩处吧！

我们为了一些鸡毛蒜皮的小事把人送上绞架，为了一些不值一提的琐事把人们流放，但是对于一件触犯上帝和教会，危害世界繁荣和宗教尊严的大罪却只处以五先令的罚金，这实在是一个基督教政府的莫大耻辱，连我在把这件事告诉后人的时候，也不禁扼腕叹息。

如果有人敢于违抗上帝，渎犯教会仪式，反对国教，不听尊长告诫，就让我们按照这类死罪应得的惩处对他们明正典刑吧！这样，宗教才会昌隆，这个分裂的国家才可以不久再度统一。

尽管如此，这项法律的“残酷”和“野蛮”的恶名仍然会很快消

① 根据“鉴定法”，凡担任公职者必须上教堂参加圣礼。——译者

失。我并不认为英国所有的不从国教者都应该被绞死或放逐。在镇压叛乱和暴动时，只要把几个首恶分子严办一下，暴徒便会一哄而散。在这里也一样，只要惩办几个顽固分子以儆效尤，大众便会俯首贴耳了，而严刑峻法也就可以适可而止。

为了把这样做的理由摆得清清楚楚，不容有什么辩驳，让我们再来看一看我国国民何以分裂成许多党派，看看他们主张脱离国教的理由是否正当，也看看我们说英国国教受着这一派的侮辱和侵扰是否有理由。

他们的领导牧师之一，一个学识和他们之中大多数人相同的人，在一本题为《间或服从国教[①]的研究》的辩论小册子里的第27页上说：难道国教所信仰和非国教徒所礼拜的是两种宗教吗？它们的区别在什么地方呢？它们都具有同一的宗教本质，唯一不同的只是某些无关紧要的仪式和教规罢了。在第28页上他又说：宗教要义一共有三十九条，三十六条包含教义真谛的，我们全都同意；只有三条外加的附录，我们稍有二词。

现在，假如按照他们的话来说，英国国教既是真正的教会，它们之间的差异又仅仅是在某些无关紧要的教仪和教规上，那么我们有什么理由认为他们会因为这些小事忍受绞刑、划船苦役、体刑和流放呢？毫无疑问，他们会更加聪明的；就连他们自己的原则都不足以在这方面支持他们，因此他们肯定会奉公守法，明哲保身。所以，尽管一开始显得有些暴虐，到下一代也就觉得没什么了。这

① 出自“间或服从国教法”。按照此法，凡曾在国教教堂参加圣餐而得担任国家官职的人，如再参加非国教徒的礼拜，就要被处以极重的罚金。——译者

样一来，传染病将被肃清。宿疾一旦治愈，也就不需要再动手术。可是如果他们胆敢以身试法，自寻死路，那么全世界都将谴责他们的执迷不悟，因为他们从自己的原则里都找不到立足的依据。

这样，我们就可以不必老背着“残酷”的恶名，而敌党实际也受到了镇压，他们屡次在我国兴风作浪的情况也就会得到防止。

他们依仗自己的人多有钱而飞扬跋扈，可是这远远不是说服我们容忍他们的理由，相反地，这正是对我们的警告，我们必须刻不容缓地使他们老老实实地服从统一的教会，要不就把他们从身旁清除。

感谢上帝，现在他们失去了往日的威风(他们之所以能够得势，也完全是我们自己的过错)，如今这些破坏国家安宁的家伙有了被消灭的可能，在这件事上上帝和英国国教似乎联合起来了，因此，看来现在我们已经把握住了这样的时机。

为此，当今女王陛下似乎是专为王位预备的，以便通过她的手重新恢复教会和国民的权利。

为此，在短短的几个月中，局面就发生了空前未有的改变；政府要员、一般百姓和圣职人员都异口同声地同意下面的看法：我们的教会即将抬起头来了。

为此，上帝给了我们这样一个从未有过的女王，给了我们这样的议会、教士会议和贵族。

如果我们错过了这个良机，结果又将怎样呢？在王位继承方面，前途是颇不乐观的，如果再来一个荷兰国王，那时我们再希望有这样的机会就是荒唐的幻想，当然就更谈不上这样办了。即使未来入继大统的王室非常偏向于我们，他们终归也是外国人，而且为王位物色一个有利于国家的英明的外国人需要花费许多年的时间，谁能说得出，英国王位上再出现一位像当今女王对待英国国教这样热情坦率、温厚和衷心热爱的君主，这中间要隔多少年代呢？

所以，现在是英国国教的教友们千载难逢的良机，他们应该想到用这样的方式来确立和维护国教，使得她不会再受外国人欺凌，不再为宗派、分立主义和谬误的教义所分裂。

我自然非常高兴能用温和顺利的手段达到这一目的，不过伤口已经糜烂，生机已经开始死亡，只有对败坏的肢体操刀一割，才能完全治愈沉疴。一切温和怜悯的方法，一切苦口婆心的劝说都不会起任何作用。

不从国教者的影响已经非常深入人心，因此他们蔑视国教，对我们的教堂深恶痛绝。不仅如此，在他们的教导之下，连他们的子孙也对我们的神圣宗教养成了这样一种嫌恶的偏见，以致一般无知之徒以为我们都是偶像崇拜者、膜拜邪神的人，认为走进我们的教堂就是一种罪过。

有些不从国教者对于国教教堂和教堂内的庄严礼拜仪式的厌恶，比最早的基督教徒嫌恶异教徒的神庙和献给偶像的祭肉，或者少数人的厌恶猪肉还要有过之而无不及。

这种执迷不悟和公然自认为异教徒的情况一定要全部肃清。这伙人每天肆无忌惮地亵渎全能的上帝，侮辱对他的神圣崇拜，这种现象一天不消除，就是我们一天没有对自己的上帝和我们所热爱的英国国教尽到职责。

假如我们坐视他们在国家内部沉溺于盲目信仰、谬见和执迷不悟之中，容许他们公然与我们为敌，那么，到适当的时候他们就可能重新作出以往的罪恶，发生我国宗教完全毁灭的危险。倘使真是这样，我们又怎能对得起上帝，怎能对得起教会和我们的孩子呢？

现在这种情况和我们过去受罗马教会（经过改革，我们已经摆脱了它）的势力统治时期，两者之间究竟有什么区别呢？如果说一个失之于过右，那么另一个就失之于过左。不论它们是什么性质，让迷误人的宗教在我们当中有安身立命之地，都同样危害真理。

既然这两者都是我们的教会和安宁的敌人，为什么我们不把一个狂热派[①]和耶稣会会员[②]同样看成是有罪的呢？为什么奉行七大圣典的教皇派[③]就要比不奉行任何圣典的教友派[④]更坏呢？为什么修道院就比非国教徒礼拜堂更加不可容忍呢？——唉，英国国教呵，一边是天主教，一边是分立主义的宗派，看你一直是怎样被钉在两个强盗中间的吧[⑤]！

现在，让我们把这些强盗钉上十字架吧！误入歧途的人只要幡然悔悟，怜悯的大门永远是为他敞开的，让那些执迷不悟的人受到无情的镇压吧！

我们的母亲是这样神圣，却受人欺压。一切因此而义愤填膺

---

① 狂热派本来是公元四世纪至八世纪美索不达米亚和叙利亚一带的一个基督教派。这个狂热的教派行乞游方，相信人只有通过不断祷告才能得救，这里泛指清教徒。——译者

② 耶稣会是十六世纪成立的一个天主教派，在英国一贯被嫌弃。——译者

③ 教皇派是反对宗教改革、崇信罗马教皇的天主教徒，七大圣典是：洗礼、按手式、圣餐、忏悔、临终涂油礼、圣职、结婚式。——译者

④ 1650年英国的乔治·福克斯创立的一个教派，又称战栗派。——译者

⑤ 借用耶稣和两个强盗一同钉在十字架上的典故。——译者

的、忠实于她的儿子们，硬起你们的心肠来消灭压迫她的家伙吧！

愿全能的上帝使一切站在真理一面的朋友同仇敌忾，举起讨伐猖獗的反基督分子的大旗，使得异教徒的后代永远从这片国土上被剪除干净！

枷 刑 颂

喂，象征耻辱的皇枷，向你打个招呼，
你要对付的本来是想入非非的狂徒，
大丈夫却不把你放在心上，
戴上你也绝不会感到痛苦。
当众受刑不见得就等于丢掉脸面，
无罪而受辱对一个人并不能损害分毫，
这不过是空闹一场，引大家哈哈一笑，
聪敏和有见识的人永不会被它吓倒。
美德藐视人间的一切讥嘲，
清白愈受到诽谤身价愈高。

我高站在你的皇凳[1]上举目眺望，
看看命运之神的安排会是什么模样，
真是天道难测，人事无常，
我们的见解只是鼠目寸光：
老实人倒成了歹徒看热闹的对象，

① 这是指戴颈手枷者所站的高凳。——译者

这全是因为世人糊涂荒唐。
什么人什么罪在这里都视若同等，
罪恶经常逞凶，善良反倒遭到严惩，
看看那些市井暴徒是如何黑白不分，
全是些以嘲笑别人为乐的流氓恶棍。
乌合之众那能够胸有城府，评事论人，
脏人只会说脏话，是非和法律一概不问。

有时候，为了叫诽谤更像真话而鱼目混珠，
你那高贵的枷孔里边锁过几个倒霉的歹徒；
然而在党同伐异，法律都趋炎附势的时光，
谁能够从刑罚上弄清功过曲直？
连法律都学会了看风使舵、卑躬屈膝，
往日的功绩今天都成了杀人的罪孽；
时势不同，行为的色彩也变幻不定，
此一时的罪恶本是彼一时的功勋。
你本是威风凛凛的国家大刑，
坏蛋良民对你却都不畏敬；
因为前一种人都是欺法玩刑的惯犯，
后一种人由于清白无辜而理得心安。

在你那虎口般大张着的枷孔里，
每一代的国事犯受过多少熬煎？
　单凭吉凶祸福判断人的善恶，

世人在这上面受到过多大欺骗?
伟大的刑具啊,请你告诉我们
怎样想通国法的公正;
巴斯特威克[①]、普鲁恩、亨特、荷林斯比帕依[②]和普里恩[③],
都是品德高尚纯洁无瑕的好人,
他们有才气,有见识,机智绝伦,
后人里有几个比得上他们的学问?
他们和以后臭名远扬的富勒[④]与奥茨[⑤],
难道应该受到你同样的惩治?
饱学的赛尔丹[⑥]曾陷身法网,
就连他也差点被你锁上,
眼看他就要登上你那巍峨的宝座,
可惜你分内没有那样多的荣光。
伟大的赛尔丹是一代圣贤,
一旦他在你的台上胜利出现,

① 约翰·巴斯特威克(1593—?),由于写书攻击大主教和罗马教皇,被削去双耳,戴颈手枷示众,并终身被监禁。——译者

② 均为戴过颈手枷的人,事迹不详。——译者

③ 威廉·普里恩(1600—1669),法学家和考古学家,也是由于著书立说而受到迫害,曾两次戴颈手枷示众。——译者

④ 威廉·富勒,十七世纪英国的一个告密者,曾于1691年末诬告许多显要人物谋叛,1702年被高等法院判处重刑,并戴上颈手枷示众。——译者

⑤ 提托斯·奥茨(死于1705年),告密者,曾于1678年密告所谓"教皇派阴谋案"。1685年受枷刑。——译者

⑥ 约翰·赛尔丹(1584—1654),名学者和考古学家,在詹姆斯一世和查理一世两朝,都曾经因为得罪国王下狱,但没有受到枷刑。——译者

那么，赛尔丹站过的地方谁还会躲闪，
从此，谁戴上你也就再不会满腔愤怨。

遭冤狱，受迫害，无损于一个人的名望，
你不能使真理和正直受到任何损伤。
要给别人脸上抹黑不是件好玩的勾当，
一不小心，害人者自己会弄得满身肮脏。
那无辜被枷号示众的牺牲者啊，
判你刑的人受的谴责要比你更加难当。

假如说你是专门使人受辱的刑具，
那么侮辱人的人就先要自觉无趣，
诽谤者本身应该脸红，
如果他的诽谤没有成功。
有的人理当受到同样的桎梏，
让他们全站上来，我们才都满足。

应该把著名的萨契维尔[①]枷号示众，
让他把煽动民众的号角也拿在手中，
因为在我国是他首倡了十字军运动。
他首先站在英国国教的讲坛上咒诅，

① 安娜女王即位后不久，英国国教方面就开始了声讨异己的叫嚣，叫嚣得最厉害的就是牧师萨契维尔。——译者

咒诅那一切不信从国教的党徒，
说魔鬼跟上了他们，劫运注定，
带头喊出了消灭异教徒的捷径。
还有那位明断的书刊副检察长，
看他表现得多么热心肠，
他利用自己的权柄为它[①]祝福，
把出版法的规定都抛到了一旁，
他把教会的批准给了这一本文稿，
就像教皇为出征土耳其的大军军旗祷告。
应该让那些狂热的博士们[②]也到这里戴枷伫立，
由于发表激烈的学说，他们已经声名狼藉；
那些被人非难的教授同样该在这里当众枷系[③]
他们当卖鱼泼妇[④]的老师最为适宜。

啊，你真是地地道道的英国刑械，
暗带着几分英国人的气质和色彩，
你是那样愚蠢，眼看报应就要到来。

英国人自有一套独特的习性，
他们擅长的是改良，而不是发明；
所以他们让你体现了英国人的特性，

① 指笛福那本骗了书刊检查官的讽刺作品《惩治不从国教者的捷径》。——译者

② 这里指的是那些狂热地主张迫害不从国教者的基督教学者。——译者

③ 指那些主张严厉镇压不从国教者的神学院教授。——译者

④ 伦敦别林斯门鱼市的一般卖鱼妇以善于谩骂出名，她们使用的语言特别粗野。——译者

造出你这个怪物来使世人胆战心惊。

应该让一切政治家都来受一受枷刑，
他们是那样优柔寡断，太不果敢坚定，
这些人出卖了国家的陆海三军，
白白错过了所有诛除异己的捷径。
有的士兵只想领薪饷而不愿打仗，
让这类人也来把颈手枷的滋味尝尝。
还有那些专吃空额的上校和事务长，
他们先欺骗自己的国家又欺骗国王。
再连你们舰队里那些贪生怕死的船长也算上，
天哪，这些人集合到一起声势将是多么雄壮。
有的人放普因蒂[①]逃回了布勒斯特[②]
却让卡塔黑纳[③]受到了惨重的损伤。
有的人把我们的土耳其船队[④]卖给了敌方，
让被出卖的泰尔玛希[⑤]在卡马利[⑥]身负重创；
多隆[⑦]出动的船舰很难被他们截到，

①②③　法国海军司令普因蒂男爵于1697年远征背叛西班牙的卡塔黑纳（西班牙东南部一城市），大获全胜后返国途中，被拥有绝对优势的英国海军舰队包围，但他指挥灵活，竟能率领舰队逃出重围，平安返回布勒斯特（法国第一大军港）。——译者

④　英国海军上将罗克护送的一支土耳其船队，于1693年在圣丸桑角附近受到法国海军的突然袭击，英方战败。当时人们怀疑其中有通敌阴谋。——译者

⑤⑥　卡马利是法国地名，英国泰尔玛希将军于1694年在这里的一次战斗中负重伤。泰尔玛希怀疑自己是被人出卖了。——译者

⑦　多隆是法国第二大军港，西班牙王位继承战争初期，英荷海军联军久战无功，往往截不住由多隆出动的法国海军。——译者

他们不是姗姗来迟就是赶到得太早。
这些人都是建立过奇勋的英雄好汉，
本应当流芳百世，现在的声名却在削减，
所以不能褫夺他们应有的权限，
要让你的威力试一试他们的男儿虎胆。

为什么不把这些人送上你那宽大的枷刑台，
让他们知道知道今天的法律到底多么厉害？
难道说只因为他们的罪行隔了不少年代，
愚钝的法律就轻易地把它们忘怀？
那么让我们看一看现代闻名的事件，
尽管人物更换了，手腕也不像从前；
　我们的舰队花费人力和财力，出海放洋，
　难道只是为了白白地到海上闲逛一趟？
　我们的商船都丢光了，护航队才安排停当，
　才调动海军保卫我们的沿海免受劫掠。
最近有些英雄从海上凯旋归来，
如果按罪论处，他们也该被你制裁，
报纸应该把他们的所作所为全部公开，
证明这些人罪有应得，惩办他们绝非诬栽。
把他们在圣玛丽港战役[1]中的丑事加以公布，

① 1702年8月，英国海军远征卡迪斯，占领了圣玛丽港，英国军队在该地奸淫掳掠，无恶不作。——译者

再把他们虏获的战利品列在一旁供人观睹，
把奥蒙德[①]的告示在他们的头上高悬，
看见他们受枷刑，他心里也一定情愿。
请一位丹青妙手给我们画一幅
修女被奸污，城市遭抢劫的兵燹图，
看！英国的荣誉受到多大损害；
可耻的乱军回国后却逍遥法外。

以下是在维戈[②]作过战的海军兵将，
现在该轮到他们威风凛凛地戴枷上场；
他们曾经登上西班牙大帆船肆意劫掠，
先抢光了西班牙人，然后又蒙骗了女王。
看看他们作战到底是如何勇敢吧，
八十艘军舰才把二十二艘战船打垮，
就像一个龙骑兵和两个骑马的丘八，
在庞普洛纳[③]打败一个西班牙娃娃。
这还全亏奥蒙德有运筹帷幄的将才！

① 奥蒙德公爵是指挥远征卡迪斯英军的司令官，他虽然一再下令严禁劫掠，仍没有维持住军纪。——译者

② 维戈是西班牙西北部的海港。1702 年 10 月，英荷海军联军在此阻击法国和西班牙舰队，在奥蒙德登陆进攻的配合下大获全胜，击沉和虏获了许多艘西班牙大帆船和法国军舰。英荷海军官兵大发了一笔横财，但是带回国上缴政府的战利品却少得可怜，一时舆论大哗。——译者

③ 庞普洛纳是当时西班牙纳瓦尔的都城，这里的龙骑兵可能暗指奥地利，两个骑兵指英国与荷兰，“西班牙娃娃”指受到英荷奥联盟进攻的西班牙国王路易十四的孙儿腓力。——译者

首先是他带兵登陆，别的人无功可夸。
那一仗得到的战利品，谁知道一共有多少？
缴给国家的只是九牛一毛，大部分都被人中饱。
他们蒙骗自己的指挥官毫无忌禁，
如果让这些盗贼都走上台来受刑，
他们那该会多么拥挤，数目定叫人吃惊，
很快会超过伦敦市长就职日熙攘的市民。

有些人由于他们的头脑实在愚钝，
也应该站上你那惩恶扬善的刑凳：
譬如说，当别人抢劫时，他们却两眼发愣，
眼看人家抢光了一切，他们可没有捞到一文。
　还有我们那位中将[①]
本想平荡妖魔，却闹得鸡飞狗跳墙；
有一小部分责任理应由他承当，
如果他军纪严明，便该把他们就地杀光，
那才能维护住军纪，也不损他的声望，
这比在维戈获得的所有战利品都要高强。
现在请欢快地鼓动你那木头翅膀，
欢迎那些操纵一切的大贾巨商。
他们闹得天怒人怨，举国遭殃，
把一个基督教政府的颜面丢光。

① 指奥蒙德。——译者

这些金融股票的骗子手和经纪人，
倚仗着四万张双联证券作为后盾，
我们的银行和公司只能俯首帖耳，百依百顺，
要不然，他们有种种捷径叫别人倒闭关门。
我们的股票真正的价值究竟值多少，
写在他们的账簿上不差毫分；
他们这些抛球人[①]在幕后一搞，
虚假的牌价就变得忽低忽高。
让他们站上你那高耸的塔楼吧！
让他们手拿证券，背披熊皮，
挂起一张告示，恭整地写上：
他们应该永远站立在那里，
直到他们答出下面的疑谜[②]：
在利大本小的时候，股票价值何以会降低，
当商船遭到意外，价格怎么反而要涨起？

啊，执法的巨怪，昂起头来不用畏惧！
用不着再鬼鬼祟祟地作假弄虚，
说出你的不满吧，来它个干脆爽利，
向即将召开的议会提出你的控诉动议；

① 和下句有关，牌价犹如皮球，被他们任意抬高压低，就像抛球人一样。——译者

② 据希腊神话，妖怪斯芬克思经常用难解的谜语问难行人，答不出的人都要被它杀死。上一句的“熊皮”意思就是要把经纪人打扮成妖怪对他们反问。——译者

告诉他们纸钞如何代替了硬币，
打九折贴现，利息却索取八厘[①]，
告诉他们爱尔兰的运输国债还没有偿清，
假票据得到签署，还存着一大堆糊涂账。
告诉他们举国都希望看到他们
把真正的罪魁交给你痛加严惩，
而不要加害为他们写历史的好人。

对于那些法官也应该来个“请君入甕”，
他们责在护法却不把国法放在眼中，
草菅人命，断案决狱时全不秉公，
擅作威福，知法犯法实在是难容。
还有那些治安推事独霸一方气焰万丈，
让他们都坐上你辉煌的御辇玩耍一趟；
让这些人全都戴上枷高兴一场，
把他们的紫袍朱服先撂在一旁。
保护感化院的职责不能让这类法官担负，
要他们感化的娼妓往往会先被他们奸污。
他们满嘴脏字，醉醺醺地坐堂问案，
其实他们的罪恶远超过被审的人犯：
让他们两手拿着赃物枷号示众，

① 英格兰银行成立之初，以八厘年利贷款给政府，并经营票据贴现。笛福在《计划论》中就曾表示过他对英格兰银行的不满。——译者

给他们这种惩处完全地道天公！
把酗酒的教士放上你的讲坛吧！
他把福音书讲成了淫猥的笑话；
让他的教友在那里把他撤职查问，
尽管他们不喜欢看到他现眼丢人。
让他在那里宣讲什么“记住死亡”吧[①]，
这一次让他以身示儆，不要他大讲理论。
　再下面把那些好色的牧师带上场，
他们劝善戒淫，自己却淫乱放荡；
这些上帝的儿子们每天都搞些下流勾当，
既私通有夫之妇，又勾引年轻姑娘。
让这些家伙们站上来给万人嘲骂吧，
也好让别人免戴绿头巾保全住声望。
有个埃斯吉尔[②]弃法律改习福音，
洞察死亡的深谷，看透迷茫的幽冥，
让我们把他也枷上叫人们有所顾忌，
他竟敢侵犯教区牧师的神圣天地；
通过他那一套崭新的教义真谛，
我们才知道自己原来其傻无比：

① 教士传教时常说的口头禅，意思是警告人们要时刻记住死亡，因而对死后的审判心怀戒惧不犯罪恶。——译者

② 埃斯吉尔(1650？—1738)，本来是法学士，后来改习神学，曾经写了一本小册子，证明人可以不必死亡，而能通过“捷径”肉身升天。——译者

老凯伦①将不再摆渡亡灵，
埃斯吉尔已经发现了升天捷径。
嗨，你们那些庄严的葬仪和丧钟，
还有那墓石和纪念碑全都无用，
坟墓的装饰完全是一场虚空，
埃斯吉尔绝不热衷这套虚荣。
尽管牧师们在一旁暴跳如雷，万分气恼，
他却要把灵柩变成一辆马车，弄得热热闹闹，
谁能够接受这一套奥秘的玄说？
没有人能参悟，也没有人信服；
把他登上你的名单，枷着他永远不放，
直到他凭自己的修炼使肉身升进天堂。

如果一个可怜的作者受你熬煎，
只是因为世人不了解他的意见，
那么，你该惩罚的人还不完全，
除非这些家伙也戴着木枷出现：
他们常把自己的信仰背弃，
以致都不能了解他们自己。
这些宁示的后人②狂暴残忍，
建筑起罗马要压倒巴比伦，

① 希腊神话中在史塔克斯河上渡亡灵去冥府的神。——译者

② “宁示的后人”指圣经中宁示的孙子耶户。他把国王约兰的全家老小以及兄弟杀得干干净净，又用计把崇信巴力的人全部杀光，事见《列王纪》下。——译者

《捷径》[1]的真正作者恰恰就是他们；
他们鼓吹杀戮而不容别人皈依正教，
枷上这些好勇斗狠之流吧，不许他们逃掉，
非要他们把这个教会哑谜说个分晓：
他们为什么要对不从国教者发动声讨，
而不肯让那些人全都信从国教。
因为他们所痛恨的缓和局面一旦出现，
他们这类人的末运从而也就要不可避免。
底下该轮到某些国教徒光临你的席位，
他们尽管最没有节操，却成天“忠诚”满嘴：
奴颜婢膝的顺从和你的枷刑台正相搭配，
这二者都是当代的笑柄，恰好一对。
你只要把他们收拾一回，
就会叫这些人实践他们平日对别人的教诲。

接着再把某些律师带上你的法庭[2]，
他们全可以站上来，这些人最喜欢含沙射影，
　让他们把自己的罪恶一一赎回，
把他们的如簧之舌积下的血债完全还清。
　这些人都是衣冠楚楚的骗子手，
鼓动三寸舌就能把各种罪名胡编乱诌，

① 即《惩治不从国教者的捷径》。——译者

② 这里的原文“Bar”是双关语，可以解作法庭律师席、被告席以及木栅。——译者

微不足道的小事一到他们嘴里便大有来头。
　他们是政府豢养的恶狗，
残害良善，闹得鬼哭神愁。
　他们阴险毒辣，狡诈奸刁，
　说不尽的黑心，使不尽的花招，
他们惯用魔鬼的拿手法宝：
　先引诱，然后控告。
他们背信弃义，能够撕毁任何保证和誓言；
一旦强权当头，无法无天的暴力站在旁边，
法律只能够唯唯诺诺，委曲求全，
一心希冀公正的人岂不是发了疯癫。

那里坐着一位老爷大名鼎鼎，
要知他的人品，看他的行动胜过打听姓名，
他大声疾呼，白白费尽苦心
想要重新恢复鞭笞酷刑。
这类刑律早已经被我们废除，
他却要以此来引诱宽仁的政府。
这家伙对耶稣基督都是满不在乎，
目无国法当然就没有可怪之处。
他要是当上法官，将会多么残酷横暴，
单看他现在的行动就可以明了。

现在该让劳维尔[1]也到这里来丢一丢脸，
把惠特涅[2]的马匹牵到他的眼前，
让他在那里饮尽这一满杯苦酒，不剩下一滴一点，
教训他不要再那样嚣张和愚蠢，要稍知收敛。

当所有这些英雄都走过你的舞台，
你已经讽刺了我们整个的一代，
现在请暂且等一等那些赫赫有名的诸公，
他们正大权在握，提名姓恐怕不能见容。
他们不会受你摆布，我的诗也不敢对他们放肆，
这些人物地位显要，既不能法办也不能讥笑。
可是当他们一旦丧权失势，
就会对你那阴森的宝座敬畏备至，
等到他们落到你的手中，
人们就要把他们的俑像[3]吊上半空！

还有夏洛克[4]这位愿为旧朝殉难的人，

①② 这里可能指的是萨拉希尔·劳维尔（1619？—1713），他在1692年被选为伦敦市法院推事。詹姆斯·惠特涅是英国有名的大盗，曾几次请求政府赦免，愿以若干良马和壮汉为政府服务，但始终没有被赦免，于1692年被判死刑。据说劳维尔在判决前曾发表了一篇精彩的演说。笛福在这里可能只是插科打诨，随意取笑法官几句，而无其他深意；也可能是责备法官不该拒绝强盗的请求。——译者

③ 群众对一些显要人物表示愤怒时，往往把他们的名字写在稻草人上，或画了他们的纸像，然后把草人或纸像烧掉或吊起。——译者

④ 威廉·夏洛克（1641—1707），英国牧师，1689年因不肯向新王威廉举行忠诚宣誓，被革职，但不久即借口英国国教承认事实上的政府，又向新朝屈服。——译者

不肯对新君宣誓表示忠诚，
最初他真的欺骗了他的门生，
那些人可算是傻瓜，他可算是恶棍。
有些人认为他应当得到赦免，
因为他到底坚持到今天，
他违背自己的良心只是由于家室牵连，
这不过是他一时软弱留下的终生污点。
让我们饶恕这位牧师吧，他还有一些良知，
他知道如果他再发一次誓言，就等于立下两个假誓，
他不愿意把二者都破毁，一咬牙决心坚持，
凭上帝赌咒，他可没有做出前后不一致的丑事。
　为了他非比寻常的忠贞之德
吊死他吧，他戴上你未免不适合。
啊，你专替人宣扬丑名的喇叭，
有权把每一个朝臣都加以揭发，
不要漏过一个，这些人全该示众戴枷，
他们向三个国王宣的誓，没有一个不是虚假。
　各方面的叛徒都要受你的严惩，
一个人一旦失节，便永远不会再忠诚：
今天宣誓，明天就会把旧主背弃，
犯下背叛罪，永远也无法消弭。
这些趋炎附势的小人根本不知道什么叫廉耻，
到时候他们可以向基督教世界的一切国王宣誓。
　谁要以为他们忠贞可恃，

　　那可真是一个白痴。

让那些蠹国害民的富商大贾难逃劫数，
一个个都被你紧紧抱住，
不要让他们利用那巧取豪夺来的百万财富，
帮助他们逃脱这场侮辱和痛苦。
　　这些人从小本经营变成了大富豪，
　　到底怎么搞的那只有上帝知道；
　　从一些鬼门路大捞一票，
　　付出的代价却没有多少。
他们为自己建造了公馆富丽堂皇，
窃贼筑起了防范小偷的坚壁高墙：
花园、洞室、喷泉、茂林和散步场，
在那里，恶人踌躇满志，歹徒淫乐放荡，
这些人大吃大喝，过的生活胜过帝王，
挥霍他们那不义之财就像流水一样，
告诉他们，这些钱都是民脂民膏啊，可别遗忘，
告诉他们，“弥尼，提克勒”[①]就写在墙上。

你要双重推进，让我们看真，
让我们既认清罪恶又知道罪人。

---

① 据圣经《但以理书》，巴比伦王伯沙撒骄奢淫逸，一天正在大宴群臣，忽见白墙上出现手指头写了这几个字，意思是预言国将亡、王将死。——译者

把他们放到你那高高的宝座上以示严惩，
这些人只知道追求私利，对国家商业全然不问。
他们擅离职守，发双薪也于事无补[①]，
走这条捷径使我们全都揹上了债务。

啊，伟大的展览台换一换你那肮脏的场面，
在你的阶梯上某些女士也可能出现。
当美人儿在你的台上弯下腰风姿万千，
她要把台下卑贱的傻瓜全部笑遍。
把沙菲[②]放上来！为了她那些华丽时衣，
她的丈夫每周要花二百镑，实在令人惊异，
让她穿上五颜六色的绫罗绸缎上台来卖弄自己，
看她外表美丽妩媚，骨子里却完全是个娼妓。
　下一个该把风流的尤伦莉娅带到台上，
让她的马车和六名仆从都立在一旁，
　她早就想受到全城的景仰，
　只叹她枉费了一番心肠。
这个奢华的婊子妄想玷污首要的席位，
在那里使我们全城的美人都黯无光辉。
　让她到这里来出足风头吧！
让她那狂妄的虚荣心在这里自我陶醉。

① 战时许多海员，不愿从军服役，愿意在私人商船上服务。政府发双薪也招不来水手，笛福在《计划论》中也说过这种情况。——译者

② 以下所举的该受枷刑的荒淫男女，名字全是作者假托的。——译者

下一个该让狄婀道娜登场，
使想要认识她的人都能在这里看到她的模样。
即使她不是地道的英国妓女又有何妨？
这儿早就有法国窑姐儿来赏过光。
不要因为她打扮的华丽，仪态万方，
　就让她从公道的惩罚下脱身躲藏，
我们要拿她做一个以儆效尤的榜样，
警告外国妓女不要把英国的生意抢光。
让弗纳特玛塞和他那前呼后拥的随员，
爱莫能助地眼看她当众丢脸，
最后也高兴这个荡妇有这么一天，
不再以为她聪慧绝伦，自己傻到顶点。
虽然他生来脑子小智能不全，
吃一堑长一智，谁都会得到经验。

啊，你这专司谴责的先锋，不要放过那些登徒子和荡妇，
他们纵情恣欲，男女各自寻欢，荒淫极度；
让某某人永远圈在你的禁区里不许他越出一步，
直到他把他和妻子订的契约一笔勾除，
直到他们夫妻俩把一个谜解释清楚：
为什么双方都不能把自己的淫心收住，
两个人的欲望究竟多么高涨，
竟致彼此都不能满足对方？

两个人这样约定，倒也互相体谅：
男的蓄妓女两对，女的养种马一双。

何必用讽刺来匡世教民，
或是通过法律来戒人不起恶心，
只要让他们对你表示出应有的恭敬，
这就是让我们洗心革面的无上捷径。
让所有的恶棍和傻瓜都受受你的枷刑，
别的人就会循规蹈矩，服从美德的指引，
朋友就不会有反复无常背信弃义的行径，
也不会有受雇的假证人给人乱加罪名。
奴仆再不敢出卖他们的主上，
再没有人专作伪证受贿贪赃；
也不会有受害的作者在你的阶台上蒙受冤枉，
受刑的只是真正的歹徒而不是臆测的流氓。
　纠正犯罪的恶果，防范乱纪的起因，
这是制订刑律的首要愿望；
　一切惩罚完全旨在预防，
只为了不使人再触法网。
但是当这些执法的大刑
并没有枷上坏蛋的手颈，
反而使正人君子蒙辱受惊，
正义便一反其道，善恶倒行。
没有一个人不知道你的本来职务：

惩办恶人，而不是叫人变成歹徒。

一旦你不再把罪恶制裁，
反倒怂恿人们为非作歹，
你那狰狞可怖的面目使人惊骇，
为了逃避受辱，人们只好变坏；
设置你的本意于是就一点也不存在，
正义固然丧失殆尽，法律也成了招牌。

由于害怕你，人们悍然把良心抛到了一边，
这样一来，你又有什么威风可言？
为了不戴上你当众丢脸，
一个人胆敢把坏事做全。
一个人如果承认了捏造的罪愆，
比真正犯了这些罪还要卑鄙可怜，
有些人因为害怕你而不怕把自己的良心污染，
他们也许毫无心肝，却保全了脸面。

你就像是那虚声吓人的幽灵，
远远看去真让人触目心惊：
其实不过是臆造的一种侮辱的幻影，
对付无辜者太重，惩办有罪者又太轻。
　让谁都不要由于受侮辱而满腔怨愤，
因为没有罪过而受处罚并不会丢人。

啊，你这法律的怪物，站起来讲话吧！
打破你那长时期被人误解的沉默，
告诉我们：站在你背脊上的人是谁？
那样罪名累累，却又这样毫不惧愧；
让我们看看别在他帽子上的告示吧，
把他受刑的原因告诉全人类：

告诉他们这是因为他过分敢作敢为，
说出了不该说的真理，太直言不讳。
　请赞扬我国人的公道吧，
不为他们了解的人就等于有罪。
告诉他们他所以高站在那里戴着枷铐，
是因为他发了几句我们不愿听的牢骚。
如果他少说一点，或是多说几句好话，
　他就会逍遥自在地保住自己的身家。
　告诉他们这就是他受的惩罚，
　还有更大的痛苦等待着他，
因为他死抱住没用的节操是这样愚傻，
不肯出卖朋友，一心听信他们的话；

　惩办他就是为了杀鸡儆猴
使人不敢把自己的节操坚守，
等到需要人们出卖朋友的时候，
任谁都不会皱一皱眉头。

告诉大家:把他送上颈手枷的那些先生,
才真应该被当代唾骂,并且遭后人痛恨,
他们找不出他的罪证,
也不能对他进行审问。

穷人的呼吁

序　　言

移风易俗[①]是一件十分光荣的、在目前又是绝对必要的工作，因此，像改革我们的货币一样，这件事不能再有片刻拖延了。

目下恶习的洪流何以能泛滥全国，以及这种流毒何以能长期在居民生活中肆虐，情况十分明显，无论怎样也掩盖不住。因此，作者在以下几页文字中企图说明如何以最直接的方法，即通过树立典范来达到移风易俗的目的。法律以惩罚令人有所戒惧，治安法官以强力迫使人们服从；但树立典范却是一种温和与说服的手段，它通过一种潜移默化的、几乎是不知不觉的力量吸引人们改过向善。

如果还有其他拟议的补救方案更能奏效，那么，请凡是知道那些方案的人不妨把它们发表出来。同时，作者认为，人们如果凭良心公正地想一想，一定会赞同下面的建议，并且希望所有反对这些建议的人也都问一问自己的良心。

笛　福

---

① 1695年左右，英国的许多贵族、法官和乡绅，在伦敦等地成立了所谓的“移风易俗会”，声称要通过法律的力量来矫正当时的社会风气，但其打击锋芒只指向一般贫苦人民，丝毫不触及道德败坏的统治阶级。——译者

穷人的呼吁

在探求一种传染病的适当治疗方法时，医生告诉我们，首先必须知道疾病的起因，它是从身体的哪一部分产生的、由哪种恶习引起的；等到找出了原因，就得把它排除掉，这样疾病的影响才会自行消灭；但如果排除病因的手段不能奏效，医生自然就要对于疾病本身和感到病痛的那一部分，着手采用适当的治疗办法了。

道德败坏无疑是目前英国最流行的疾病：国王和议会是义不容辞的医生，而他们似乎也怀着高尚的愿望，想把治疗工作担当起来。这是一件伟大的工作，很值得他们殚精竭虑；因为，这项工作一旦完成，其功勋将比这次流血战争[①]的一切胜利或这次体面媾和[②]的荣誉更能使英王增光。

但是，一个困于疾病的人如果不打算使用医生的药方，即使延医也是枉然；与此同理，国王企图使全国国民移风易俗的打算也会落空，除非他们愿意改过迁善，服从他的各项命令。

为非作歹在我国已经有了悠久的历史，很难说出它的本原。

可是不管这件事情多么难办，我们还是容易回顾到一个时期，那时，我们一般说来还不像现在这样深染恶习；而如此追溯一下，就似乎足够查明我们现今何以会背道离德的原因了。

基督新教似乎有十足的理由可以自称为把严正的道德传播到

---

① 指1689年开始的战争。战争的一方是法国，另一方是以英国为首的反法联盟，世称“哈格斯堡联盟之战”。——译者

② 指1697年9月缔结的里斯维克条约。——译者

我们中间来的首创者；而把这种荣誉加在显然当之无愧的有功者头上也是十分公道的。习俗的改革有点像是宗教改革的自然结果：因为，既然新教的教义不承认罗马教皇有权假借免罪符来让人赎回千百种作为轻罪看待的罪过，不承认神甫为了免得麻烦上帝，可以不等到这些罪过上达天主就把它们一笔勾销，普通的恶行便失去了它们的合法保障，人们也便不能用从前那种低廉的代价来胡作非为。新教本身有一种向善的自然趋势，把向善当作它自己起源神圣的明证，因此，在它占有稳固地位的一切国家，它已经抑制了邪恶和不道德行为。它已经使许多国家趋于文明，矫正了信教者的性情。基督教信仰和品德感化在世间一直携手并进；在世上其他文明政府和现今受新教统治的政府之间，存在着极明显的差别，因而它本身就能不言而喻地说明问题。

英国在爱德华六世当政时代开始而嗣后由伊丽莎白女王光荣完成的改革，使英国人的操行与交际达到如此严肃端方的地步，以致我们有理由相信，这样的道德高度多半是不会再见于我们这个时代了。

在英王詹姆斯一世时代，由于宫廷喜欢风流韵事和逢场作戏，因而奢侈得以立足；而二十年承平时代，连同来自宫廷的并非特别的先例，更大大鼓励了放荡的行径。

如果说这种风气在英王詹姆斯一世时代得以立足，它在他的儿子当政的时期便根深蒂固了；而内战中给予军人的自由，则在全国传播了各种各样渎神的言行。那位君主在其本性和实际行动上虽然非常虔诚，却不幸成为英国甚或全世界第一个把恶习用法律固定下来的国王。他那样做法，究竟是受了什么倒霉的御前会议或冥冥中厄运的支配，我们很难断定；但是所谓娱乐书[1]，即容许人们在安息日从事各种消遣的诏书，就守安息日而言，比起议会的一切法案、布告和以后的君王曾经做过的并且将来还可能会不断作出的改革风俗的努力来，更易败坏我国的风气。

然而英国人民对于那种自由权利却普遍表示了厌恶；而有些人则仿佛已经享受了过多的自由，当法律的约束被解除以后，反而不愿再继续保持他们以前沉湎于其中的癖习。

在英王查理二世时代，淫乱和各种放荡行为达到了顶点。宫廷的表现和默许所起的鼓励作用，无可争辩地证明了当道者对人民风气的影响是多么深远。

现今的英王及其已故王后（她的英名将永世为全国人民所怀念）已经尝试过解决这一切有关不良道德的棘手问题。这是英王在外征战时王后着手处理的第一件事[2]。她首先普遍打击了各种恶习，同时通过以身作则来发扬美德和节制。英王在胜利地结束了战争并缔结了光荣的和约以后，在他对议会第一次发言时便宣布向渎神和不道德的行为发动一次新的战争[3]，同时和王后一样，也以皇家的表率打击了那种行为。

---

① 一般指詹姆斯一世在1618年发布的公告，该公告准许人们在星期日举行礼拜以后“作任何合法的娱乐，如男子或女子的舞蹈，男子的射箭、跳跃、五朔节的游戏、降灵节的酒会等等”。1633年，查理一世重新发布了他父亲的“娱乐公告”，并命令牧师在讲道时宣读。——译者

② 1691年7月9日，王后玛丽在英王离英赴荷兰期间，曾致书密德尔萨克斯的治安法官，要他们“忠实而公正地执行那些已经制定的、现在仍然有效的法律，惩办主日的渎神行为、酗酒、妄用神名的诅咒和谩骂，以及其他一切放荡的、暴戾的和妨害治安的行为等等”。——译者

③ 1697年2月，国王威廉发布谕告，严禁不道德与渎神行为。——译者

由此可见，这项工作在开始时就是规模宏大和颇有条理的，而作为全国国民总代议机构的议会，只要制定法律来禁止各种渎神行为等等，就不难把它贯彻下去。

这些都是重大事件，如果好好地加以利用的话，无疑将推翻恶习的暴政和渎神行为在人们心中所窃据的统治地位。

可是，我辈孑孑小民却有正当的理由对这一切改革工作感到不平，因为这次雷厉风行的改革所具有的偏颇性使实际工作不易推进。因此，我们不得不祈求上苍解救我们，以这种过去一向采用的正当方法来消弭我们内心的不平。同时，我们也要对全国贵族和乡绅伤风败俗的一切方面严肃地提出如下的抗议：

首先，我们要提出的抗议是，我们认为目前探究问题的态度是不公正的，而且抗议这样的说法，即：除掉你们的高官显职、财产和门第以外，你们在德行方面还比我们略胜一筹。固然，我们都很坏，并且情愿很有礼貌地同意我们和你们一样坏；可是在仔细探究之下，我们发现在恶行的共和国中，魔鬼一直是留心把穷人和富人平列的，目前正在一视同仁地使我们大家都获得邪恶的最高学位。

其次，我们认为至今所公布的一切文告、宣言和议会法案，就惩处你们的恶行而论，不像对我们那样有实际效力。现在，你们制定法律来惩办我们，同时，你们虽然犯了同样的罪恶和不道德行为，却让你们自己逍遥法外，因此那些法律本身就是不公道的、不公平的。

固然，法律并没有表明给你们的是自由权而专对我们进行惩罚，因此，英王和议会就其本身而论，可以不在我们这次控诉之列；可是我国的缙绅和地方长官，一方面对我们这些穷苦的平民执行那些法律，一方面自己却在犯同样的罪，藐视上天和人间的法律而不受惩处。这就是我们认为不公道、不公平并对之表示抗议的事情。

因此，除非是贵族、乡绅、治安法官和牧师都愿意改变自己的生活方式，抑制自己的不道德行为，或者找出某种方法和权力在他们犯罪的时候来毫不徇私地惩办自己，否则我们就不揣贱末，要求有权利反对以伤风败俗的罪名把任何穷人系上足枷送往感化所，认为这是世界上最不公平和最不公道的处置办法。

而现在，诸位先生，

为了使这个抗议不致显得有点过分粗暴，不致冒犯长上，我们请求把我们卑微的呼吁提供给你们自己考虑；因为知道你们是英国的高尚人士、是正人君子，我们希望这一次使你们判断一下你们自己的问题。

首先，诸位先生，我们请求你们自己考虑：如果没有你们参加，我国风气的改革是否能够完成；如果没有你们的范例来影响我们，单凭惩治我们的法律是否会使这件工作大功告成。

在我国，脱离放荡恶行的第一步是由英王爱德华六世开始的，并得到新教牧师和严肃的贵族们的支持。伊丽莎白女王继续推行了这一步骤。然而，以后的一些国王和上流人物又率先背弃那种严格的道德戒律，从而使恶行不断发展，达到现在所出现的程度。恶行由宫廷蔓延到全国，乡绅和贵族的家庭成了恶习非行的渊薮，它们终于在这些大人先生的保护下变得气焰万丈，向全国实行全面反扑；而我们这些穷苦的平民，一向总是容易为我们的地主和士绅的榜样所支配，也确实已经被他们的榜样诱上伤风败俗的道路。

现在如果要遏制泛滥全国的渎神和恶行的洪水，正需要你们这些英国的贵族和乡绅作出榜样，否则一切都将徒劳无功。

我国惩治各种恶行的法律已经是十分严厉了，但如果治安法官手中执行法律的权柄没有发挥作用，法律就会成为微不足道的无用之物。治安法官有惩罚之权，但如果他们不运用那种权力，那就等于一点权力都没有一样。有些人可能已经运用这种权力，但每逢它发挥作用，无一不是落在我们穷苦平民的头上。这些都是蜘蛛网般的法律，小苍蝇落网，大苍蝇则破网飞去。市长大人曾经用鞭子痛打可怜的乞丐，少数声名狼藉的妓女已被关进感化院，有些啤酒店老板和葡萄酒贩由于在安息日诱人喝酒而受到罚款的处分；但所有这些都落在我们民众、即穷苦的平民头上，仿佛一切恶行全发生在我们中间似的；因为我们没有见过喝醉了酒的财翁曾被带到市长面前，也没看见一个妄用神的名字赌咒的下流商人遭到罚金或戴足枷的处分。衣着华丽手戴金戒指的人可以当着治安法官的面口出不净，或者谩骂治安法官；可以穿过大街摇摇晃晃地走回家去而没有人加以理会；但如果一个穷人喝醉了酒或妄用神的名字赌咒，那他一定会被毫不客气地戴上足枷。

其次，我们请求你们自己考虑一下：既然我们的治安法官本身沾染着谩骂和酗酒的恶习，既然我们的治安法官自己在惩治一个酗酒的人时嘴里总是嚷着“他妈的，把他拴起来”，法律或布告是否能有助于移风易俗。如果法律和布告在这种情况下不起作用，那它们就毫无裨益，还不如不公布的好。

诸位先生，为了一种罪行而受罚于一个像我们一样犯罪的人，那是叫人很难忍受的；一个人是否在社会上崭露头角，竟成为他应否受法律制裁的根据，那也是叫人不能容忍的。这实际上就是由于人们贫穷而对他们实行惩办，而贫穷却根本不是罪过；这正如一个小偷可以不根据犯罪事实而单凭被逮住这一点就判处绞刑。

诸位先生，我们还要请你们自己告诉我们，是否有任何特殊的理由足以证明你们可以腐化堕落为所欲为而不受法律约束，另一方面你们却认为我们中间这些不法行为应该受到惩处，并且当穷人为了同样的罪过被带到你们的面前时，你们确实对他们执行了法律。

因此，为了移风易俗的工作得以继续进行并日臻完善，使上帝益增其荣耀、英王和议会领受更大的光荣起见，为了放荡、渎神、酗酒、淫乱和各种不道德的行为不致继续发生起见，我们不揣浅陋，提出下列可以有效地完成如此伟大的一件工作的方法。

乡绅和牧师是我辈愚昧贫民的领导者，是高高在上指导和指挥我们行动的明灯，希望他们首先自觉自愿地控制自己，有效地改变他们的生活、交际方式，以及平常在他们的仆人和乡邻中间的态度。

乡绅是他们乡邻的派头、习惯和生活方式的蓝本，他们在乡间的榜样特别富有感染力。大部分人主要沾染的恶习有三，即酗酒、渎神和嫖妓，不管社会风气使它们多么流行，它们都是同上流人的身份很不相称的。只要一所房屋里不存在这三种恶习，那个家庭就一定有上帝的某种建树；因为它们是蔓延得很厉害的传染病，几乎不是人性所能完全摆脱的。

酗酒是一种粗野的恶习，是一种十分肮脏的罪孽和戕害本性的暴力，因此我相信，如果全能的上帝不禁止酗酒，而把它规定为一项应尽的义务，那么许多人一定是宁可牺牲进天堂的机会而不愿意履行这项义务的。酗酒的快乐似乎藏得很隐秘，因此未开化的异教民族是根本不知道这回事的；只有这些北方国家中聪明的人民才把它发现出来，他们在恶习方面是老资格的能手，是恶行方面的行家，他们能够从丧失悟性上自得其乐，使自己为了解闷而愁上心头。

如果要为这个颇有来历的恶习写一部历史，那么显然可以看出，它是起源于乡绅之间，再由他们传给穷汉的，而穷汉总喜欢仿效那些位分高于自己的人。在查理二世恢复王位以后，当举杯为英王祝福已成为王党与圆头党之间的分野时，酗酒的行径开始风靡全国，到现在差不多已经流行了四十年。士绅之流酷嗜这种卑鄙的恶习已到如此程度，竟然认为一个朋友或仆人如果不能喝几杯酒，就算不得是合适的朋友或仆人。到了今天，当我们赞扬一个人的时候，除提到他的声望外，还要说他是个忠实的酒友，作为一种附加的头衔；仿佛他的酗酒足以证明他的诚实似的。我们的上流人物先是自己锻炼这种下流的本领，后来便达到传授这种本领的地步；他们很早就教导青年喝酒，希望把这一风气有效地保存到下一时代。不仅如此，这种习惯已经普遍流行到这种程度，以致一位上流人物最主要的应酬宾客的办法就是把他的朋友灌得酩酊大醉；而他的朋友也十分愿意接受他的款待，认为这是主人待客盛意的表示，但实际上他却应当感到这是一种耻辱，就如同他被主人从楼上一脚踢下来一样。于是喝酒就变成了一门学问；如果不是很容易传授，年轻人很容易学会，也许我们早就设立一所专科学校来传授这门学问了。乡绅中间的这种恶习在以下两件事上进一步达到了极点：酗酒业已成为他们光荣的行为，成为他们对任何公共喜

事表示高兴的方法。在上议院辩论以后,当英王威廉被选上虚位的王座时,一位颇有身份的先生喊道,贾克,他妈的,贾克(他说),回家去告诉太太,说我们已经有了一位信奉新教的国王和王后了;烧起一堆像房屋那么大的祝火,吩咐管伙食的让你们这些狗养的都喝个醉。这里是为了感恩上帝,对恶魔献上了牺牲。其他的恶习是被当作恶习来犯的,人们偷偷摸摸地做,愿意把它们隐瞒起来;可是他们却如此贪杯,竟至于自鸣得意,以此为荣,并且尽量想鼓励别人也染上这种恶习。一个最使一个好酒贪杯的人感到踌躇满志的,是再三说起他在一次宴会上喝了多少夸脱的酒,怎样使某几个老实人都喝得酩酊大醉。人们撒谎和发假誓后,总是设法掩盖真情,并且觉得羞愧,他们也确有理由感到这样。可是酗酒和寻花问柳却成了人们自夸的成就,他们对这些事津津乐道,以此为个人历史上的荣耀;怡然自得地让世人全都亲眼看到他们的放纵行为,使这一罪恶成为他们门阀的光荣标记,并当作上流社会的一种风气来提倡这种嗜好。无论谁只要花一点工夫仔细想想我们的上流人物在家里的习惯,想想他们怎样在穷苦平民中间鼓励和提倡这种酗酒的恶习,就会相信:如果我们说,现今所流行的饮酒风气,起源于全国乡绅的身体力行,而他们本身又受宫廷的影响,那并不是对英国乡绅的诽谤。

有人也许会对此提出异议,而且也一定会提出异议,他们认为我们的贵族和乡绅很多都是体面的、德行高超的人,因此这种罪过并不是普遍的。对于这一点我们回答说:尽管有那种情况,这仍然是普遍的,因为这些乡绅虽然在消极的意义上并没有犯我们所讲到的那些罪行,但由于他们没有用公正不倚的精神执行他们所掌握的

法律，他们在积极的意义上还是犯了罪的。哪里见过乡绅或治安法官曾对他的邻人，一位喝醉酒的、谩骂人的、荒淫的乡绅执行过法律条款呢？个人的身份已经成为公开作出最恶劣罪行的护身符，仿佛在人死以后的另一个世界中也有什么从男爵、爵士或乡绅似的，好像由于我国的风俗惯例使他们的地位在不同程度上稍稍高于他们的邻人，他们就可以免遭神谴，或者像杀害了泰恩老爷而被绞死的弗拉茨船长所说，因为他们是乡绅，上帝也会对他们表示三分尊敬。

如果真有什么理由，足以说明为何财翁可以在众目睽睽之下公然干那些不道德的勾当而穷人却不行，那倒还有话可说。但如果有差别的话，差别也不在这里；因为一个穷人的恶习只影响到他自己，而财翁的不正经行为却影响所有左邻右舍，使生活严肃的人士生气，鼓励并使人们习惯于淫荡，摧毁那些在德行方面尚无稳固基础的人们的薄弱意志。如果我自己的表走得不准，它只是欺骗我一个人罢了；但如果城里的大钟走得不准，受骗的就是整个教区的居民。乡绅是民众的领导者；如果他们好色贪杯，别人就会竭力模仿他们；如果他们抛弃恶习和酗酒，别人就不会沉湎得这么深，也不会这样喜欢它了。

因此，在有钱的人似乎享有作恶特权的情况下，想要靠惩办穷人来实行改革，无疑是单单排除结果而希望原因不再存在。

我们觉得有些人很喜欢独占一种恶行，他们打算使它全部归于自己；正如罗彻斯特勋爵[①]所自述的那样，他们必须像贵族一样

① 指威廉·罗彻斯特（1647？—1680），经常出入于查理二世宫廷，以生活放浪著称。——译者

地犯罪;偷偷摸摸的小罪恶是不称心的;他们下作的程度必须超过普通的规模,让全世界的人士都知道他们敢作敢为。

我们的法律似乎并不受理这样的案件,也许根据同样的理由,莱克古斯[①]才没有制定惩处弑亲罪的法律,因为他不愿意他的公民中间有这种罪名。

穷人可并不觉得恶行有什么体面,以致会研究犯罪大小的程度;我们在不道德的行为方面是很坦率的,正如我们在待人接物方面是很坦率的一样;如果我们喝醉了酒,那就老老实实是酗酒;谩骂和嫖妓在我们看来就十足是轻率的举动;我们在交谈时说话痛痛快快;那些法官也是这样对待我们;当我们受审的时候,总是被判处加上足枷或送进感化院;可是当我们的绅士老爷耽于风雅的癖好。按照名门的门风而犯罪时,我们看到他们非但不受任何惩罚,反而常常得到不应有的赏封;恶行受恶行的惩处,而惩处又鼓励新的恶行。

总之,情况就是这样;上流社会的淫乱、渎神和道德败坏是我国普遍道德沦丧的主要原因,但从现今执法的情形来看,它根本没有受到我们法律的制裁;如果长此下去,就绝对不能移风易俗,也无法消灭渎神和不道德行为;因此,专门惩罚穷人是对国王和议会的良好意图的嘲笑;只惩办穷人而让其他同样犯罪的人逍遥法外,是一种不公道的行为;穷人没有财产赎罪,于是法官就利用他们的贫穷来使他们受苦,这也是一种残暴的行为。

对于这个问题,我们听到一些理由很不充分的辩解,必须加以

① 莱克古斯,传说纪元前九世纪斯巴达的立法者。——译者

探讨，例如：

(1)治安法官在接受告发以前，是个消极的法官，除非事实上有人提起诉讼并递进了宣誓陈述书，否则他是不去注意任何事情的。如果有谁把宣誓陈述书呈给法官，揭发某人讲渎神的话或喝醉了酒，他就一定会也不得不对犯过者科以罚金；不管犯事者的身份如何，法律是铁面无私的；因此毛病不在法律，也不在法官，而在于没有人告发。

(2)一个证人或告发者的名称是丢脸的，因此，单是打算告发某人公然违犯道德法律的企图，就足以使一个人声名狼藉，为社会所不齿；在一般人的心目中，流氓和告发者是同义词；亵渎上帝的种种最公开的罪行随地可见，民政当局感到气馁，无法过问。

(3)既然不可能有矫正的办法，而这种恶习又流行及于全人类，因此它似乎是天然弱点的附属物，同人性纠缠在一起，彼此不可能分开。

下面是我们的答复：

(1)固然，治安法官在某一方面是个消极的法官，只能根据告发行动，但这样的告发如果得到鼓励，是会源源送上门来；如果治安法官确实去了解他们附近一带的情况，他们马上就会听到教区里许多不道德的行为；如果他们确实不顾情面，公正无私地对犯罪的人执行法律，他们马上就会得到有关犯法者的姓名和事实的报告。并且，问题不在于没有人告发，而在于他们没有惩办那些已经有人告发的犯法行为。一个穷人告发一个大人物，这位证人受到打击，被告宣判无罪，而穷人却获得告发者的丑名；再说，我们的法官往往本身就不是道德高尚的人物；当人家听到治安法官自己也像别人一样满口脏话的时候，谁还会向他告发，说某人讲了对神不敬的话呢？当治安法官本身就酩酊大醉，已经不能坐堂问案的时候，谁还会把一个醉汉扭送到他面前来呢？

(2)而且，法官有权惩处他所亲眼看到的任何犯罪行为，追究他偶然听到的事实；如果他像泥塑木雕一般，坐视人们在他面前作出不道德行为，谁还该把一个穷人送到他那里去受罚呢？例如，我曾听见人们当着一位治安法官的面在滚球场上骂了千百句渎神的脏话，而他却不加理会，隔了一个钟头打道回府，倒把一个喝醉酒的穷汉套上了足枷。

至于说告发是件丑事，这其实是习惯上的错误，也是有害司法的大罪过；要知道一切审判都必须以证人的作证为根据，而阻碍作证，就是阻碍司法；如果一个人在法官审问他的邻人的道德时居然羞于出庭作证，那一定有某种特殊的原因。

(1)这是由恶行的成为一时风尚而产生的；它已经在人们的实际生活中普遍流行，因此要出庭反对几乎是大家所赞成的事情，好像是存心作对，不是迹近报复，便是带有单纯为了奖金而告发的那种唯利是图的无耻行径的嫌疑。当然，如果告发不给奖金，谁也不愿意招此麻烦；另一方面，如果奖金太多，爱面子的人就会不屑于干这种事，因为他们瞧不起那笔酬劳；而单纯为了酬劳而告发，也确实有一点恶棍的气味；人们由于这些理由因而踟蹰不前。

用中伤告发者的办法来打击人们揭发恶行的，正是我们所说的那些富人；具有乡绅气派的人藐视揭发，而穷人也习染上富人的脾气，像憎恶魔鬼似地憎恶告发者。乡绅们当初并不以制定法律为可耻，现在他们却不好意思去查究破坏那些法律的行为，这真是一件怪事；但是，由于有些人曾经把告发别人的宗教问题当作一种买卖，在这方面做尽了坏事，因此告发者这个名称已经在人们的心目中留下极恶劣的印象，以致确实很难使有声望或有地位的人兴起告发的念头。

然而，我们的乡绅所以不能毅然决然地检举坏事，主要是因为他们自己也犯着同样的罪恶；他们既然对那种事情本身毫无恶感，心里就怀着很多不良的谦逊和宽大，因此他们也就不能毫无顾虑地为了他们自己也干的事情去惩罚别人。

在执行取缔不从国教者的法律的时期，我们曾看到许多有身份的人纷纷控告他们的邻居；他们毫不踌躇地亲自出马去扰乱礼拜会和捣毁礼拜堂，宁可失败也非亲自去告发不可；其原因是他们对不从国教派深恶痛绝；但是，我们从来没有看见过一个不从国教派的乡绅或治安法官热心地采取这样的行动，其原因是他们赞成不从国教派的宗教信仰。现在，如果我们的乡绅和治安法官真正嫉恶如仇，确实把酗酒当作一种恶行来憎恨，他们就会热心地起来根除邻里左近的酗酒恶习，他们就绝不会踟蹰不前或不好意思去查究坏事、驱散酗酒的聚会，或者取缔那些几乎像意大利的窑子那样准许公开设立的淫窟，即公共妓院。他们就会愿意使各种恶行遭到禁止，并以参加这项工作而自豪；他们就不会不好意思出面去查究淫乱的行为，也不会害怕同有钱的邻居发生纠纷了。纵容犯罪是人们犯有同一罪行的结果，只有在那种行为清除以后，英国的乡绅才会或者才真正能够带有几分光荣感来着手铲除他们邻居的恶习。

可是我认为，我们不难让人看到这种告发的困难是可以克服

的，也毋需申述很多理由来为那所谓丢脸的事情作辩护。

英国的上等人士不必依靠法律、布告或告发人就能改良全国的风气；而如果没有他们的协助，世上一切法律、布告和谕令都将毫无效果；法律的生命力在于它们的执行力量；如果掌握法律执行权的先生们不照章执行法律，成千上万个议会法案至多只等于一张布告；如果赏罚不均，处处照顾到人们的身份和地位，法律又何能照章执行？现在法律逼着治安法官前进，他们的主张是后面赶多紧他们就走多快；可是，要是治安法官起来推动法律，罪恶就会像风中的尘土一样在他们的面前消失，恶行就会立刻受到遏制；不过，除非治安法官自己能改过迁善，他们的邻居要人能改邪归正，使法官所要惩治的人中间没有他们不敢触动的大人物，要不然我们就永远不能指望治安法官会把法律推行到无拘无束地戢止恶行的地步。

如果英国的乡绅以自己的实际行动来反对恶习的流行，如果他们同它一刀两断，从而使它不齿于人，使酗酒和咒骂的恶习遭人轻视，不再流行，而染有这些嗜好的人因此将自贬身价，口出不洁和酗酒的人将被视为浪子，不配与正人君子为伍；果能如此，这将比法律所能施予的一切惩戒更有助于匡正其余的人们；恶行由于辗转相习而蔚然成风，也必须以同样的方式来清除。如果乡绅们改正了错误，他们的家属也一定会步其后尘。那时正人君子将不召纳任何仆人、雇用任何工人或同任何店主做买卖，除非这些人同他们自己一样，是诚实的、严肃的；一个下流的、品行不端的、酗酒的仆人必须洗心革面，否则就得挨饿，就会得不到工作；由于形迹不检而被开除的仆人，不会再有人收留；一个出言不逊的、沉湎于酒色的工人必须悔过自新，否则谁也不会雇他，狎妓纵酒的店主必须变得生活严肃，否则就会失去他所有的顾客，弄得一败涂地。利害关系和严肃的风气自会使我们这些比较穷苦的人面目一新，用不到什么脚枷或感化院；我们当然会生活严肃，因为若不如此，我们就要统统变成乞丐；那些酷嗜恶习不惜以丧失买卖或工作为代价的人，很快就会变得一贫如洗，没有钱再继续胡搞，因而为生活所迫不得不断然舍弃恶习；用不到有人告发，一个耽于恶习的人立刻会臭名远扬，成为全城的谈话资料，每一个人见了他都会嗤之以鼻，敬而远之，唯恐人家看见他们在一起而疑心他们是一丘之貉；他将遭到各种嘲笑，受到应有的惩处，像盗贼一样得不到别人的怜悯。

所以，一言以蔽之，移风易俗这项神圣工作的重担，是在上等人物的肩上；他们是我国世风日下的根源，如果把这种根源消除，其产生的后果当然不再存在，恶习就将为人所不齿，为所有的人所耻于沾染了。

(2)牧师在这一问题上也不应自认为与自己无关；因为他们的生活过去曾经是而且现今在某些地方仍然是不道德的、放荡的，英国现在总算还不是牧师的天下，这真是不幸中之大幸。

既然作为我辈楷模的上等人物和作为我辈教师的牧师像我们一样不道德，我们这些穷苦的平民居然会不是现在这种情景，那倒是非常奇怪了。现在请考虑一下这种情况吧：教区牧师在布道时厉声斥责酗酒，治安法官把我的贫苦邻居加上脚枷，而当我知道正是这位牧师和这位法官昨天夜里还在一起喝醉酒的时候，请问我能从这两件事上得到任何感化吗？

也许我们不大知道，一个不正经的教区牧师讲道倒可能确实讲得很出色；而西班牙的那句俗话或许不但可以适用于肉体，也可适用于灵魂。倘能手到病除，何妨向魔鬼求医；但这句话对直率的、无知的乡下人可不发生效力；一个穷人在乡下小酒馆里喝醉了酒，第二天一位善良而正派的邻居对他说，哎哟，你这样放肆，难道不害臊吗？那个家伙说，害臊！干吗我要害臊？可不是，约翰老爷——罗伯特老爷……还有教区牧师，他们都像我一样喝醉过酒。请问你，为什么说是放肆？我听罗伯特老爷……说过，

愈是饮酒少，
举杯更放肆。

一个布道精彩而生活腐化的坏牧师，也许像一个笨拙的马车夫一样，他拉开反开的门，让别人走进去，而把自己关在外面。这或许是可能的，但看来最合理的想法是：他们由于过着那种生活，已经成为阻碍自己和别人的手段。如果英国的乡绅和牧师能稍稍反省一下他们确实负有罪责，他们就会发现自己罪孽深重，因为他们已经用自己的榜样把大部分国人导入了罪恶，并鼓励他们愈陷愈深。

这一部分牧师的毛病或许可以由他们的上级加以纠正，因而也许比其他的人好办；可是乡绅是独立的，他们如果不志愿改过，他们的恶习就无法戒除。我们英国人的生活受风气和习俗的影响颇大。只要乡绅使恶行成为过时的风尚，他们就能有效地把它肃清；可是要用强力来肃清它，似乎是不可能的。

总之，这个说理粗浅的请求是向乡绅和牧师提出的，医师们，请你们自己医治自己吧；如果你们先断然戒绝酗酒和不正经的恶

习，如果我们不学你们的榜样，那你们尽可以把我们加上足枷，送进感化院，高兴怎样惩罚我们就怎样惩罚我们；如果你们先戒绝宿娼，那你们尽可以为了奸淫或私通而在我们的额上烙印，或者判处流刑，或者绞死我们，而且你们这样做是受人欢迎的；但是，在一夜的花天酒地以后而立刻来作反对酗酒的布道，为了也出诸你们之口的同样渎神的话而惩办一个穷人，这就是世上最不公道的做法，其本身丝毫无补于法律的真正用意——移风易俗。

大家公认，英国的乡绅和牧师中间有很多严肃的、虔诚的、遵守戒律的人士，希望这些人不致认为自己在这一呼吁中受到攻讦或损害；如果没有他们这些人的话，就绝不会制定出惩治这些恶习的法律，因为谁也不会制定法律来惩办自己；法律所要谴责的，不过是犯罪的人，谴责他们的目的不外乎是要他们知道，目前的世风日下是他们放荡淫逸的结果，而他们也是有办法通过以身作则重新挽狂澜于既倒的；这样，英王才不致白白地发布谕告，议会也不致白白地制定法律；而使我们在英国能够重新过基督教徒和正人君子的生活，使上帝益增其荣耀，为现今的英王和议会增光，因为英王和议会已经公开表示要在我们中间推行移风易俗的伟大工作，虽然至今还很少成效。

计　划　论

序

献　给
达尔比·托马斯先生[①]
国王陛下的玻璃税管理委员
之一兼任其他职务等

先生：

当我把这篇序文奉献给您的时候，我并没有把您看成是我有幸在他的属下为国王陛下服务的委员和兼任其他职务的官员；我也不是把您当作我的朋友，虽然我有很大的责任那样做；我只把您看成是本书所谈各种问题的最适当的评判人，认为您比绝大多数人都更能辨别和了解这些问题。

书籍只有对那些禀赋适于了解其内容的人才是有用的；把一本有关计划的书献给一个没有费心想过这方面问题的人，就如同向一个不懂得欣赏音乐的人演奏音乐一样。

显然，您具有评判这些事情的能力绝不会使您蒙受投机者的恶名，这正如一个人洞悉坏人的各种阴谋诡计和狡猾伎俩并不等

① 达·托马斯(Dalby Thomas)是经营西印度贸易的一个大商人。——原编者

于就犯下了他们的罪恶。

本书中有几章是由于接触目前对法战争[①]中的公共事务而引起的特别考虑的结果。世界上一切被卷入这样残酷的一场战争中的商业国家所受生命财产的损失，已经落到我们每一个人的身上，而我自己也不是一个受害最小的人。如果这种情况促使我和其他的人都注意发明和计划[②]的问题——这些就是本书的题材——这不过是一个证明，证实了我所提出的举国上下热衷于计划的原因。

我在这本书上有一个不幸的遭遇，那就是：书中的大部分思想都被我保持了将近五年之久，所以有些见解看来像是别人发现的，有些像是公众想出来的，这就反客为主了，好像是我剽窃了别人似的。

特别像海员问题，这您是完全知道的：还在登记海员的法案提出以前，我就早已想出了这个计划；此外，如妇女教育问题，看来我不得不声明：早在名叫《向妇女们进一言》的那本书出版以前，我就已经形成这个想法了。我说这些并不是为了夸耀自己的独创能力，而是为了表明我并没有剽窃别人的思想。如果说我侵犯了世上哪一个人的话，那唯一被侵犯的就是您本人，在本书《论银行》一章中，关于郡银行和商站的某些见解是从您那里得来的；所以我认为我对妇女或海员问题的提议和有关的那本书或者登记海员的公

---

① 英王威廉三世是法国国王路易十四的宿敌和竞争者，他即位后，便在英国商人和制造场主的积极支援下开始对法作战，战争从1689年开始，到1697年终止，世称“奥格斯堡联盟战争”；四年后战争又起，规模更大，即所谓“西班牙王位继承战争”。——译者

② 笛福在这里用的“计划”(Project)一词含义很广，包括科学技术上的发明创造，工农业的改良，创立和发起各种公司企业，还包括各种投机活动在内。——译者

共方法一点也并不冲突。

破产产业调查委员会成立以后，有人说我的这一提议是从荷兰人那里搬过来的。假使荷兰真有像这样的委员会，我过去一点也不知道，至今依然不知道；即使就算我知道，我希望这并不妨碍我们在英国成立同样的委员会，特别是它果真能如人们所说的那样，对公众是有利的话。

关于本书谈及的互助会问题，我想不会有人和我争论，因为我们已经看到有这样的一个会在实践中获得了很大的成功，我指的是您慨然出任理事的"寡妇互助会"。

互助会的范围极广，正如我提出的，它可以推广到许多特殊方面。我略去了一种曾同您当面谈过的互助会，在这种互助会里，不同行业的一百个商人共同约定：彼此购买自己所需要的任何物品，而不向别处购买，价格和付款问题由他们彼此之间解决，这样一来，他们就可以每人有九十九个主顾，永远不会缺买卖了。我可以在本书中连篇累牍地列举类似性质的例子，不过，我绝不打算用琐碎的细节使读者厌烦。

您很快就会看到我在本书中向公众提出的设立年金局的建议，这为的是救济贫民；这种办法如果受到赞助，就能在各方面达到如我所说的一切巨大成就。

我已经写了许多篇关于货币和把劣币改铸成标准币[①]以及本位货币等问题的论文；但是研究这一类问题的大人物是如此之多，

① 此句的原文是 bringing in plate to the mint，句中 plate 一字只有作"测量金属货币厚度的量板"(gauge plate，见哥伦比亚大百科全书《造币条》)解较妥，因此这里转译为"把劣币改铸成标准币"。——译者

而我又不同意其中某些人的见解，因此，我就不敢把这类问题笔之于书了。

由于同样的理由，我也没有谈及财源问题。我只坚持这一点，即：不论是在货物售出时征税，或者按存货征税，或者征收复合税（顺便提一句，我认为这是一种最好的征税办法），总之，不论用议会乐意采取的哪一种办法征税，零售商似乎总是要求我们担负赋税，如果说要向他们征税的理由并不是因为他们的景况特别好（虽然这可以是理由），这也是因为王国的其他一切阶层的景况特别坏的缘故。

此外，零售商又是唯一能够纳税而受损失最小的人，因为他们能够把它通过货物的价格转嫁给顾客，他们只不过是为他们的店铺多缴一点租金罢了。

制造品零售商，特别是和国内贸易有关的那些零售商，还从来没有被征过税，他们的财产或人数都不容易计算；贸易和土地已经被我们搞得够惨的，现在，能够继续负担战费的后备力量就是这些零售商了。

如果按照应征的税额征收地税，零售商理应向国王缴纳比曾经提出的全部账单还要多的税款，对此，我想我敢大胆地说，他们现在拿出的钱还不到那笔款项的二十分之一。

如果国王下令对估税员做一次调查，对一切被发现有舞弊行为的人提起公诉，并规定谁能告发估计税额低于法案严格规定的标准的，谁就可以获得赏金，我们将会发现在登记中有无数舞弊和纵容作弊的情形。

在一般的税收中，如果说有人可以免税的话，那应该是缴不起税，或者至少是因纳税而缺穿少吃的贫民；然而现在却成了这样的情况，一个每天只挣十二或十八便士的贫苦工人哪怕只喝一杯啤酒，也得拿出十分之一的钱缴酒税；他在一年中向国王缴纳的税款实在比乡间一个店主还要多，而这样的乡间店主却可能是乡议事会员、或许拥有两三千镑的财产，他自己酿造啤酒，却根本不缴酒税，而他的财产当征收地税的时候可能只被估值一百镑，每年仅仅缴纳一镑四先令的税款，但是，如果严格地执行法案的规定，他每年就应该向国王缴纳三十六镑。

假使有人问我这应该怎样补救？我的回答是：应该采取某种办法使每一个人都能按照他的财产多寡缴纳应缴的税款，并且，应该按照这一法案的真实意图和意义来严格执行；为此目的，应该由国王陛下完全满意的十二个人组成一个估税委员会，这个委员会的委员应该三人一组分赴全国各地从新估定动产，而不是去估定土地的税收。

原有的一切税册、户口簿、济贫税册和路税册都应该交给这些估税员；通过对人们的生活状况和公认的财产进行适当的调查，每个人的动产都应该在不容许作弊的情况下从新据实估定；公认有一千镑财产的人应按一千镑征税，其余的依此类推；对拥有两三万镑财产的、过分豪富的商人也应该按照他的财产征税，在全国都一致使用简单的英语和简便的处理方法。商人和地主应该拿出我们叫做“邻里费”的一份；当穷人掏腰包的时候，富人不应该被放过。

我们在书中曾读到这样的故事：君士坦丁堡[①]的居民忍心让

① 东罗马帝国首都，1453 年为土耳其人攻陷。——译者

自己的城市因为不能及时地得到城防捐款而沦陷，当仁慈的皇帝挨门逐户向他们劝捐的时候，他们都向皇帝哭穷；然而，土耳其人破城以后，在城里却发现了惊人的巨额财富，连土耳其人都不禁对该城公民的吝啬气度感到惊愕。

英国（议会以及它对公共捐税的慷慨大量当然是例外）和君士坦丁堡很相像，我们卷入了一场危险的、花钱的但又是最公平和最必要的战争，而王国中最富有的人却在哭穷，如果他们能做的只是企图从公众眼中把自己的财产掩藏起来，让估税员估低自己应缴的税款，那么法国人，或者詹姆斯国王[①]，或者魔鬼就会光顾他们。

委员会将会发现的就是这些人，在这里，他们将会发现拥有两万镑财产却只按五百镑资本缴税的人。在这里，他们也将会发现哈克莱[②]附近有一个这样的富人，今天的税册上只估了他一千镑资本，而明天却会拿出二万七千镑来买一份产业。

在这里，他们还会发现朱塞亚·却尔德爵士也许只按五千镑，或者比这还少的资本向国王纳税，而他的现金毕竟有多少却没有人能够猜得出。我可以指名道姓地举出许多这样的例子，而不会冤枉那些先生。

我不想多谈细节了，我敢肯定：伦敦的某十位先生缴纳的地税加在一起，还抵不上按照他们当中最穷的一个按照公认的实际拥有的动产（我们叫做资本）应该缴纳的二分之一。

我不想追究这种欺骗应该归谁负责；这不是我分内的事。我

① 指詹姆斯一世。——译者

② 伦敦的一个大主教区。——译者

只希望有权惩罚这种行为的委员会对这种情况进行查究。不过，我敢谦恭地说：由于这种情况，国王受到了欺骗和莫大的侮辱，国会法案的真正意图没有得到贯彻，国家由于致命的亏空和利息而负债累累，同国的人也受到了侮辱，还引起了新捐税的兴起。

本书的最后一章建议把英格兰境内的一切海员都登记到国王的税册上，只这一个问题就值得单独写成一本书，我有小小一卷我自己做的有关这一问题的计算和详细例证，不过，我以为要把它发表出来未免太占篇幅了。简括地说，我认为：如果向管理这一事务的有关人士提出这种方法，绝大部分的钱就可以用这种方法筹得，而对过去一直在负担战费和将来要负担战费的人不会有什么损害。

据说对投机者的话一般至少要打个对折。投机者总是满嘴几百万、几百万镑地大吹自己的建议，所以我没有把我计算出的巨额款数谈出来。但是，我敢不揣冒昧地说，我可以根据这样一种提议包征每年三百万镑的税款，而且保证完全能够缴齐。我对这种方法的价值抱有这样的看法：当它实行以后，国家可以因为有这笔税收，额外再得到三百万镑的收益，这事虽极奇怪，却不难办到。

在《关于学院》一章中，我冒昧地谴责了各种骂人的习惯。我无意为此而道歉，因为一个人不应当害怕揭露谁都应当耻于去做的事情。然而，我想我似乎也有些触犯我自己的戒条，这就是：当读者读到我这段反对谩骂的文字的时候，不得不重复某些最难听的骂人的脏话；不过，关于这一点，我有这样的答辩：

首先，我发现自己如果不把那些话原封不动地写下来，就很难表达出我的意思，至少很难说得明白。

其次，这些脏话只是为了揭露恶习才重复的，它所能沾染读者的程度，有什么理由说比反对淫荡的布道文对听众的坏影响更大呢？因为它必然会导致听众联想到所说的事实；但是每一个行动的是否道德将取决于它的目的，所以如果读者在阅读中因为使用不当而使他自己犯了我企图通过写作加以揭露的过失，其过在他而不在我。

除因需要计算使我不得不讨论细节以外，我在本书中始终力求简要。同时，我在书中尽量避免妄自尊大的表现，即使在序文中也不例外。因此，现在签上我的名字就此结束罢。

最感激您的贱仆，

丹尼尔·笛福

导　　言

谁都承认，需要为发明之母。现在，需要已经如此剧烈地激发了人们的智慧，因此，把这个时代叫做“计划时代”以便和其他时代区别，看来并没有什么不妥之处。尽管以往在战争和社会动乱时期，似乎也激起过类似的发明兴趣，不过，我认为我们无妨不偏厚现代地说：在商业事务和国家民政方面的计划和发明上，以往各时代从来也没有达到像今天所达到的程度。

指出现代技艺之所以登峰造极的原因，也不是一件难事。有些人把这种情况归因于国家的普遍贫困，我不同意他们的这种悲观论调，因为我相信我们很容易证明，国家本身作为一项资本总额来看，丝毫也没有因这场漫长而花钱的战争变得贫困，恰恰相反，它自从有人居住以来,从来也没有像今天这样富足过。

有人说,我们生在现代非常幸福,我们比祖先聪敏;这种说法我也不完全赞同,不过,同时我得承认:科学和技艺上某些部分的知识在现代确实得到了前人所见不到的种种改善。

战争的技艺(在我看来这是人类最完善的知识)足以证明我说的话,特别是在指挥军队和进攻武器方面。看一看各种地雷、战壕、攻击和宿营的新方法吧,那些在进攻和扎营中使用的、还来不及起名字的各种新发明真是不胜枚举;看一看各种新式的炸弹和闻所未闻的七至十吨重的臼炮吧,我们的舰队装上这种炮以后,远在两三哩以外的海面上就能够发挥出好像全能的上帝一般的威力,真的从天上向建筑在坚实的土地上的城市降下硫磺和火雨[①];再看看我们新发明的“地狱之子”吧,这是一种肚子里装着雷电和可以造成地震的机器,能够摧毁最坚固的堡垒。

这个时代充满了空前众多的投机者,他们想出的无数主意除了那些在头脑里流产似的一产生就破灭了、刚一传出来就化为乌有的以外,他们确实每天都提出了许多前人未曾想到过的赚钱计划、新的发明和机器。如果要我寻求形成它的原因,我是说,如果要我考察形成这种局面的根源、我以为事情一定是这样的:

这场战争一开头带来的劫夺和损失是非常惨重的,这主要得怪商人自己经营不善,他们当时没有真正了解到将要遭受什么样的危险;因为在我国海军部还不能确定在世界各地停泊军舰的军

① 据圣经《创世记》,上帝曾因所多玛和蛾摩拉这两座城市罪恶深重,从天上降下硫磺火把它们焚毁。——译者

港、护航队和巡洋舰的分布以前，法国就在海上布满了私掠船[①]，卤走了数目难以置信的我国船只。我听到某些自以为擅长猜测的人计算过这笔损失，在战争的头两年或三年中，船只和货物的损失高达一千五百万英镑左右，如果折算为法国货币，就不下一亿九千万里弗，会使一个神经衰弱的会计吓得摇头。这笔沉重的损失主要落在国家的贸易部门，主要是落在其中的商人身上，而他们之中主要受损失的又是那些能力最优异的商人例如保险商等等；在这种打击之下，王国中最杰出的商人垮下去的数目多得惊人，下院有一次通过了一道救济因对法作战而受到损失的保险商的议案，我们从这里就可以略知其梗概。如果说许多人垮了，那么，明显感到自己的财产每况愈下的人就更多，他们在损失了大部分财产的情况下勉强维持着生活。这些人无可奈何，不得不绞尽脑汁想出形形色色新的设计、发明、贸易、资本、计划和一切办法，力图挽回自己的财产和一落千丈的信誉。原因也许就在于此，这还可以从下面的情况里看出来：虽然我不相信我们说法国如何贫困不堪等等的大嚷大叫（如果这些话有一半是真的，那么法国人肯定要算是世界上最好的老百姓了），毫无疑问，法国也遭受了战争的损失和破坏；然而，在那里，贫困主要落在比较穷的人头上，他们想不出这样多的发明和类似性质的办法，他们具有另一种性质不相同的才能。谈到比较能干的和上流的法国人，当他们穷极无奈的时候第一条出路就是从军，他们很少从军队里再回来单靠辛勤劳动挣一份产业，他们不是在战场上脑子开了花，就是在那里发了财。

① 在战争期间特准劫夺敌方商船的武装民船。——译者

如果说在任何行业中只有勤劳才能得到成功，那么在商业界，恐怕这样说才更确切：比起任何人来，商人更加依靠智慧生活。尽管有些人把对外贸易看成是一条由海关庇护的康庄大道，实际上它一开始就无一不是计划、设计和发明。商人所筹备的每一次新的航行都是一个计划，在遍布世界各地的奇异的情报的帮助下，船只随着市场和商品的千差万别由一个港口开到另一个港口；有些情报是如此的详尽、迅速和准确，往往使商人不出门而坐在自己的账房里就能同时和已知世界的任何部分取得联系。这种情况和旅行使一个十分地道的商人成为世界上最聪敏的人，因而在迫于无奈不得不另想生活门路的时候也是最能干的人；依照愚见，本书在讨论的题材中所涉及的种种计划都是从这种人中来的。在这种人身上很容易追溯出他们的本行是银行、股票、股票买卖、保险、互助会、彩票等等。

此外，我们还可以提一提下院一年一度对财源所做的长期调查，这已经成了一个使全国一切人都忙碌起来的运动，我恭请尊贵的议院注意下列情况：通过地税、人头税等普通手段开辟的一切财源的绝大部分是否已由商人手中交给议会，并且，大部分款项是否已由他们缴齐。

不过，我这篇文章只在于讨论这种风气在国人中流行的原因；这种原因大概就是我所谈的，也许并不完全是这样，这将留待日后证明。

对于这种计划的才能所致力的各种行业和作者们的天才所倾向的各种方法，我一直在孜孜不倦地观察，而且，在大多数情况下，都是没有利害关系的观众，因此，或许能够有某些好处——更容易看出演员的“毛病”。如果我这篇文章提出了任何新的东西，或者发现了某些有利于目前正在进行的任何设计的问题，谁都可以对本文所提出的有关改良随意加以利用；如果本文揭露了目前发生的任何欺诈，我并没有具体地想到任何集团或个人。

一般地说，我所讨论的各种计划的性质都是有利于公众的，因为它们有助于贸易的改进和穷人的就业以及王国公共资本的流动与增加；不过，这种计划都是假定建立在发明才能和提出改进的诚实基础之上的，尽管我承认创造者主要是为自己谋利益，然而，同时也必须符合于公众的利益。

因此，我们必须把目前的各种计划区分为诚实的和不诚实的。

现在，有人，甚至有极多的人，天花乱坠地大吹其美妙的发现和新的发明、机器以及诸如此类的东西；由于这些主意很新奇，加上这些人的鼓吹，说什么只要预先垫出为数若干的钱，就能够制造出如此这般的机器，干出大事业等等，这就使轻信的人兴致高涨到这样的程度，他们仅仅凭借着一线虚无缥缈的希望，就成立了公司、专利权委员会[①]，确定职员、股份和账簿，筹集巨额资本；这些人把一种空想吹擂到使人们纷纷受骗，拿出钱来购买一个新拆白企业的股票；当发起人把这场玩笑开到他们自己的股份全都售出以后，他们就逃之夭夭，听任这阵乌烟瘴气自行消散，让那些可怜的买主去互相争吵，到法庭上解决结账、过户以及狡猾的发起人在他们中间播下的这一个或那一个争端，把失败的过错归到他们自己身上。这样一来，股票开初是逐渐跌价，这时候，谁脱手的及时谁就占了便宜，它

① 此处原文为 Chose Committees，“Chose”意为“物财产”，是一个法律术语。这里恐怕是指“诉讼产”（“权利财产”），即不能实际占有而可以通过法律保持其权利，因此译成“专利权”委员会。——译者

一直跌到像小铜钱一样,最后连一个子儿也不值了。我看到过许多靠吹牛和利用信誉卓著的有关人士的名字搞出来的合资公司、专利权、机器和企业的股票,就是这种情形;这种股票的价值被吹为一百镑,实际上只值这个数目的五分之一(有的多一些),随后越来越不值钱,在股票交易市场上跌到每股十二镑、十镑、九镑、八镑,乃至最后谁也不买了;一句话,它成了"一文不值"这个词的一个很好的新代名词,许多人家都因为购买股票破了产。如果我举出亚麻布制造场、硝石工厂、铜矿、潜水机器、蜡烛等企业的名字作为这种情况的例证,我想,我大概不说假话,也不会冤枉某些劣迹昭彰的人。

我可以继续讨论这一方面的问题,揭露股票经纪人、工程师、专利权所有人、委员会以及我们极确当地称之为"掮客"的那些交易所骗子的诈骗和诡计;只是我还不屑于干这种事;不过,对不甘让自己的财产被这种骗子的新发明骗去的人,我可以请他们记住一条普遍的规律,那就是他们应该注意到:凡是有诈骗嫌疑的人,在他们的建议中肯定包含着这样的因素——你的钱一定要在试验前交给发起人。我在这里本可以穿插一段一个正好骗到我本人头上来的专利权贩子的趣事,不过我想在另一个场合再谈它。

尽管如此,我们并没有理由因此便不去鼓励那些目的正当而建立在诚实基础上的发明;同时,我们也没有理由反对那些正当设计的任何创造者享有他自己的发明才能结出的果实。我国议会准许首创者享有十四年专利权的法案就完全承认:凡是发现任何可能有益于公众的事物的人都应该得到应有的奖赏。毫无疑问,在贸易、技术和手艺、商品制造或土地改良等方面对社会有莫大利益的新发现,一点也不亚于世界上一切学院和皇家学会在自然界方面的任何发现。

诚然，在各种不同的新发明和计划之间是有着差别的。工场制造或土地方面的改良有助于公众的直接利益和穷人的就业，而有些聪敏人想出的计划却带有一种“欺骗的模样”和魔术的色彩，使人冒各种不必要和不寻常的危险，这两种计划当然也不相同。不消说，我承认这一点，而且，喜欢第一类的计划，然而另一类计划中有一些已经因成功而变得神圣化了，否认它们将是一种渎犯命运之神的行径：看看威廉·菲普斯爵士[①]寻找失事船只的航行吧；这完全是一个异想天开的计划，一次成功机会只有十万分之一的摸彩；这一场冒险一旦失败，谁都会甚至羞于承认自己和它有关系，这趟远航会和堂吉诃德[②]攻击风车一样的可笑。天呀！这些人居然跑到三千哩外的汪洋大海上去打捞西班牙的银币！当然啰，要是失败了，他们这件事就会被人当作笑话编成歌谣，商人对每一件靠不住的冒险就会这样说：“这简直像菲普斯寻找失事船的航行。”然而，它却成功了，现在还有谁非难这个计划呢？

命运之神的法律最不公平，

傻子得意，伟人反受欺凌。

法兰西斯·德莱克[③]打败了西班牙装甲舰队，

假使当日没胜利，他不过是一个海上盗匪。

① 威廉·菲普斯(1651—1695)，美洲殖民地总督，曾两次前往西印度群岛搜寻沉船中的财宝。他在第二次搜寻中，找到了一笔据说价值三十万镑的财宝。——译者

② 西班牙作家塞万提斯的名著《堂吉诃德》中的主人公，这位醉心于骑士精神的人把风车当成巨人，持矛向它进攻，结果吃了大亏。——译者

③ 法兰西斯·德莱克(1540—1596)，英国航海家和海军名将，他做过海盗，贩过奴隶，1587年曾率领三十艘战船冲进卡迪兹港，毁掉了西班牙正在集结中的舰队。——译者

华尔特·罗利爵士[①]找不到敌舰，心机枉费。
到头来只落得被判死刑，犯下了叛国重罪。

只有当事业获得成功，
人力才多少显出些作用：
人人都尊重幸运的纨袴子，
昌盛的事业总被人誉为明智。

不过，这一类计划并不会遭到不诚实之讥，除非我们这样说：一个人对他自己和他的家庭都应该诚实，因而不应该把自己的财产扔进不切实际的、靠不住的冒险事业里去。机会即使是如此的靠不住，然而竟有人碰上了，威廉·菲普斯爵士就是这样的幸运儿之一，他在远离一切海岸的公海上，居然从四十多年前沉没的一艘西班牙旧船里捞到了价值将近二十万英镑的西班牙银币，满载着一船白花花的银子回来了。

计划的历史

当我说到要写一部计划的历史时，我的意思并不是要介绍或有系统地叙述以往所知道的科学和技艺方面一切必要的发明或改良；我只是打算按照为目前一般人所接受的这个字的含义，对“计划”和“构思计划”的情况做一番简括的说明，要知道这些事的本源

① 华尔特·罗利（1552？—1618），英国政治家和航海家，1592年曾率领一支舰队进攻西印度群岛的西班牙装甲舰队，可是不久即被女王召回囚禁起来。他最后因为和詹姆斯一世冲突，1618年以叛国罪被处死。——译者

并不需要追溯到多久以前。

各门手艺的发明及其机器和手工工具的改良都需要一张追溯到亚当的长子的年表；迄今为止，每一个时代都提供了一些新的发现。

如果大家认为挪亚造方舟[①]是一件人类的工作，那便是我读到的第一个计划；在那个聪敏而罪恶的时代[②]，在比较庄重的人看来，恐怕没有比这件事更可笑的了，所以可怜的挪亚为造方舟受尽了嘲弄；假使他不是得到上帝非常特殊的指示才动手工作，这位善良的老人准会因为人家讥笑他干的是最愚蠢、最可笑的计划而不再干下去。

巴别塔的建造[③]是一项真正的计划。因为如前所述，按照现代的字义来说，“计划”的真正定义就是一项大到无法经营从而大都难免要化为泡影的巨大事业；可是尽管它们的规模巨大，甚至大到如计划者所提出的那样，下面这个故事对它们说来却也是正确的：按照老故事来说，如果孵了这么多的蛋，就会孵出这么多的小鸡，而这些小鸡也将会生这么多的蛋，这些蛋又会孵出这么多的小鸡，依此类推，一点也不假。所以我们也可以千真万确地说：如果古人能够造一座屋顶通天的房子，他们就永远不会再在地上被水

① 圣经《创世记》，神用洪水淹没世界以前，命挪亚造方舟保全他一家人的生命。——译者

② 据《创世记》挪亚时代的人在地上罪恶很大，终日所想的无非是恶，因而神才使洪水泛滥。——译者

③ 据圣经《创世记》，洪水以后，世上的人在示拿平原烧砖筑城塔，塔顶通天，上帝大惧，变乱了众人的口音，分散了众人的力量，这座没有完全竣工的城塔就叫巴别。——译者

没顶，他们只不过是忘了测量天有多高罢了；就和其他的计划一样，这项计划仅仅是因为经营不善才失败的，否则它准会成功。

然而当一切竣工以后，这座建筑物和它那插入云霄的高度就标志着世界孩提时代的人类具有多么渊博的知识，要知道他们当时并没有任何可资借镜的试验或发明的先例。

当身负罪愆的我们的祖先父老，
如此把巨大无比的天梯建造，
这桩劳而无功的事业遭到我们的嘲笑，
没有效果的行为很少被看成主意妙；
可是宏伟的遗迹倘若能保留到今朝，
那段未开化时代的知识我们就不敢小瞧。

我相信我可以就这个问题作一番非常有趣的说明，不过我不打算这样做。有人喜欢引用所罗门的话，“日光之下并无新事；现在有的，在我们以前的时代早已有了。”[①]可是我毫不怀疑近代已经有了某些相当了不起的发现，产生了人类许多独创的发明，无论就部分或全体来说，这些东西都是世界上从来所没有的。我只主要地提一提磁石在航海中的使用和火药及火枪的推广；说到发明方面，世人都以为这几样东西完全是在那些特殊时代发明的，正如他们认为制造铜铁利器的祖师是土八该隐，发明音乐的人是他的兄弟犹八[②]一样。谈到手艺人的机械和工具，我敢说，现代可以拿出许多以往连想都没有想过、因而更加谈不上仿造的东西；一种东

① 所罗门是古代以色列的名王，以智慧著称于世，这句话出自圣经《传道书》第1章。——译者

② 据圣经《创世记》，这两个人是该隐的后裔。——译者

西如果在以往有过某种和它相类似的玩意儿，我绝不把它叫做真正的“发明”：我认为把它叫做“改良”更为适当。就手工工具来说，现代发明了一种我们称之为“针织机”的机器，我还不知道有什么工具比它在毫无先例可循的情况下更加体现了真正的发明才能；这种机器的构造非常匀称，工作起来十分巧妙和成功，在好奇的人看来，也许以为它绝不只是一种普通的机械构件；关于这一点，我指的是在每家织袜者的顶楼上都可以看到的机器本身。

在上一次内战[①]的时候，计划之风虽已略见端倪，可是它作为庞然大物而诞生却毕竟是从 1680 年才开始的，所以，我把目前举国热衷于计划的根源只追溯到 1680 年为止。我承认每一个时代或多或少都有一些这种性质的东西，而且给我们留下了某些非常巧妙的计划，让我们尝一尝他们成功的滋味，例如供应伦敦城用水的水厂和以后的新河，它们都是非常巨大的事业和完美的计划，都曾冒过可能失败的危险。在国王查理一世时代，人们作出了无数不通过议会而只依靠专利和御玺筹钱的计划；不过，这些计划都是非正规的，不在我们所谈的计划之列，因为像这样的计划，法国也同样多得很，它们与其说是计划，倒不如说是策略，在伦敦大火[②]以后，有人发明了一种救火机，据说，这是一项使原发明人赚了一笔大钱的计划，而且，我们发现它确实也非常有用。然而，直到 1680 年左右，技术和手艺的计划才渐渐真正问世。国王查理二世的叔父鲁珀特亲王对有关机器和机械装置这方面的事物给予莫大

① 指 1642—1648 年英国资产阶级革命时期的国内战争。——译者

② 指 1666 年伦敦大火。这次大火延烧 4 天，焚毁了伦敦五分之四的房屋。——译者

的鼓励，而威尔金斯主教[①]对此则著书立说，赋予以理论，这位亲王曾留给我们一种以他的名字命名的金属；据我所记忆，这方面的第一个计划就是用这种金属铸造大炮和钻制炮筒，这两道工作是用他自己的独特方法进行的，可惜这种方法随着亲王的去世而失传了，使承办这项计划的人遭受了很大损失，因为这位承办者为了进行这项事业，不惜工本在哈克莱沼泽建立了一座叫做“担普尔”的水磨工厂，这座水磨工厂可以顺利地进行这项事业的每一部分工作；我在一艘叫做“查理国王号”的一级战船上看见过这种炮，炮色发红，既不像黄铜也不像铜。我曾听说政府提出过某些不准许这项计划继续进行的口实，不过，我不想提它们，因为我并没有确凿的根据。以后，我们又看到了一种马拉的水上机器，专门用来拖曳逆风和逆水的船只；还有一种用以吊起压舱物的机器，这种不成功的机器在亲王生前就荣幸地得到了制造、展览、试验，而最后被搁到一边去了。

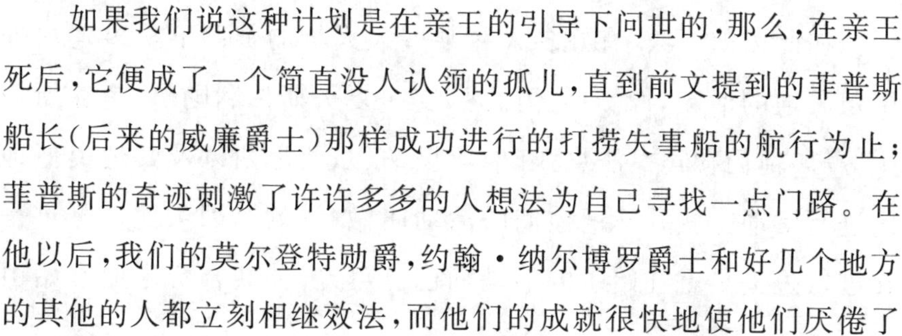

如果我们说这种计划是在亲王的引导下问世的，那么，在亲王死后，它便成了一个简直没人认领的孤儿，直到前文提到的菲普斯船长（后来的威廉爵士）那样成功进行的打捞失事船的航行为止；菲普斯的奇迹刺激了许许多多的人想法为自己寻找一点门路。在他以后，我们的莫尔登特勋爵，约翰·纳尔博罗爵士和好几个地方的其他的人都立刻相继效法，而他们的成就很快地使他们厌倦了

① 约翰·威尔金斯（1614—1672），他的妻子是克伦威尔的妹妹。他写过许多篇科学幻想的文章，幻想过后人可以到月球去旅行，用水银和远方的朋友迅速通信，倡议使用世界语等等。笛福在这里提到的计划可以在他的《数学魔术》一书中找到。在这本书里，他认为把数学运用到机械上可以造出风力车和潜水艇等。——译者

这种工作。

我不能不提一下如此知名而且还在实行的“一便士邮政制”①,也不能忘了它的发明人道克莱先生,他在这项事业上曾受到损害,事后幸而由议会主持公道对他采取了某种补偿的措施。这项试验证明出是一桩高尚而有用的计划,当我们提到这件事的时候,一定要记住这位因此声名鹊起的创办人。

毫无疑义,一个人想出了这样的一个好主意,一个其主要目的能够两全其美(公私两利)的计划,结果竟是公众坐享其利而发明人反被撇开,这对发明人来说的确是太不公平了,而这种不公平必然使许多良好的计划得不到鼓励;不过,随着公共环境的更替已重新恢复了沦丧的正义标志,就毋需再恐惧这类不公了,道克莱先生已经满意地看到往日的损害被消除了,并且得到了光荣的补偿,而做出这种补偿的人并没有损害过他,他们这样做纯粹是出于对他的创造才能的尊敬。

在此以前不久,有好多人在某些大人物的赞助下从事建立外国殖民地的活动,像威廉·潘恩、安·夏夫斯伯利勋爵、考克斯博士等等,他们在宾夕法尼亚、卡罗里纳、东西泽西以及其他类似地区进行活动。我并不把他们的活动叫做“计划”,因为他们不过是在进行过去早就开始了的活动而已。可是,公共合资事业开始由

① 一便士邮政制是一项私人投机事业,承办本城的信件和一磅重以下的小包裹的寄运,城内收费一便士,郊区收费两便士。这项事业于1683年开始兴办,由于牵涉到国家邮局的收益问题,法院曾判决剥夺承办者道克莱在这项事业上的收益。不过,道克莱在1690年得到了赔偿,在1697年并被任命为一便士邮政的监查官。笛福文中所指的就是这件事。——译者

此形成，加上早先建立的东印度、非洲和哈德逊湾公司，便产生了一种新的行业，我们给它起了个新名字叫“股票买卖”，这种买卖一开始只不过是一个人偶然把股份和股票简单地转让给另一个人，这和人们通常割让产业并无二致。然而，这门生意被汇兑掮客抓住了，经过他们的苦心经营，便变成了一门行业，一门在经营中空前需要使用阴谋诡计和狡猾手腕的行业，其性质之奸诈使过去一切貌似诚实而暗使谲诈的行当都望尘莫及；因为当掮客把持着押宝盒的时候，他们使整个交易所变成了赌徒的世界，任意抬高和压低股票的价格，往往使买卖双方都天真地准备着解囊，拿出钱来听任他们那贪婪的舌头摆布。这门暴发的行业尝到了一般往往伴随着新奇倡议而来的成功的甜头，它把我拉杂谈到的这类不合法的玩意儿引到世上来，变成了为掮客招揽生意的适当法门。于是股票买卖哺育了计划发明，而计划发明反过来又为它的养父母大卖气力地招揽生意，直到它们全都闹得为公众所不满为止，而它们的名声现在也的确几乎是越来越臭了。

计 划 论

关于计划的创制人

在上帝的一切创造物中，人是必须自行谋生[①]的最糟糕的生物。除了人以外，没有其他的动物会饿死。外在的自然为它们准

① 据圣经《创世记》第3章，上帝因为人类的祖先亚当和夏娃偷吃智慧果，愤怒地咒诅人类说：“你必终生劳苦，才能吃到地里所长的。……你必汗流满面才得糊口。”——译者

备了衣食,内在的自然使它们具有一种本能,这种本能可以万无一失地指导它们通过某种适当的手段满足自己的需要;然而人却必须工作才不会挨饿,必须像奴隶般的劳苦才不会死亡。的确,人天生有指导他的理性,遵循理性指导的人很少会沦入这样凄惨的绝境;可是,一个人如果因为年轻时代犯了过失,把自己弄得山穷水尽,甚至完全丧失了金钱、朋友和健康这三样东西,他便会死于沟壑或者某个更糟的地方——济贫院。

使一个人沦落到这种田地的道路纵有万千,而使他摆脱这种窘境的道路却没有几条。

死亡是一条普救苍生的出路,所以,有些缺乏勇气而忍受不了眼前境遇的人,出于恐惧而自尽了;肯定地说,自杀是极端懦弱的表现。

另外,有些人为了满足那条普遍的自然规律,不惜破坏法律,变成了肆无忌惮的惯窃、打家劫舍和拦路抢人的强盗、剪绺和伪造货币的人等等,直到终于恶贯满盈,在圣·泰本[①]河畔找到一条解脱的捷径了事。

还有一些比他们的邻居更狡猾的人,处心积虑地想出了一些隐蔽的诈骗方法,这种现代化的行窃法门完全和前一类窃盗一样地有罪,而且,在某种程度上还要更坏;落进这种圈套的老实人被他们的花言巧语骗去了钱财,结果弄得自己也走上了他们的道路,这种欺骗计划的发明人往往安全地躲在幕后,或者藏身于明特、弗

① 泰本河是泰晤士河的一条支流,早年,伦敦绞死罪人的刑场就在这条河畔。——译者

莱尔斯这样的地区[1]，完全不把诚实和法律放在眼中。

又有一些人也是迫于同样的需要，专心致志于创造以才能和诚实为基础的正当发明。

最后这两种人就是我们所说的"计划创制人"。这就像家鹅总比天鹅多一样，在这两种人中，第二种人的人数比起第一种人来真是凤毛麟角；由于多数人往往决定了少数人的名声，我们对第一种人所抱的正当的蔑视使第二种人也连带受累，他们就像戴绿头巾的丈夫一样，为了别人的罪恶而受讥于人。

所以，一个人如果被自己绝望的命运逼到如此窘迫的地步，假使他不能奇迹般地得救，就一定会饿死，于是他便铤而走险，这样一个完全变成投机者的人，的确是应该被我们蔑视的；当这种人费尽心血想实现这种奇迹而终于徒劳的时候，他在走投无路的情况下，便只有像演木偶戏的人让木偶吹牛一样，把某种破烂货色粉饰一通，使它看来好像是一种新奇玩意儿，然后大吹大擂地把它说成是一种新发明，为它申请专利权，借此分发股份而且一定要把它们卖掉。要把新奇的狂想天花乱坠地渲染成了不起，方法和手段多是够多的。他至少要吹嘘几千次和几十万次，有时乃至几百万次，直到某个老实的傻大少被他说得一时生起了野心，为它拿出了钱，于是

"……生下了一只小老鼠[2]，"

① 伦敦的明特、弗莱尔斯、克林克、沙瓦依等八个地区有庇护其境内居民不受逮捕的特权，这项特权于1696年（本书发表前一年）被废除，但是仍然保留着这样的习惯，直到乔治二世时代为止。——译者

② 这是一句拉丁文成语的下半句，全句的大意是"大山分娩生小鼠"，意为"雷声大雨点少"此处指计划露了原形。——译者

冒险家被丢在那里继续实行计划,而计划创制人却反过来在一旁嘲笑那上了当的傻瓜。潜水员会在泰晤士河底下行走,硝石制造商会在“汤姆·托德池塘”上建筑房屋;工程师会制造各种模型和汲水的风车,可是一等到开办费从那些有钱而没有头脑的人手上筹集到以后,什么专利权,什么发明,就都再见吧!计划创制人已经大功告成,一去无踪影了。

然而,正派的计划创制人却迥然不同。他们根据常识、诚实和创造才能的公平而磊落的原则,对一种适当而完美的计划做出了一定的贡献,详细说明他打算要做的事,不窃取任何人一文钱,把他的计划付诸实行,他只希望获得自己的发明带来的利润这份真正的成果,此外别无他求。

关于银行

银行如果经营得法,将会或者说也许会带来很大的利益,在目前这对英国这样的商业民族来说尤为有利;和许多其他显示出有利于公众的事业相比,银行的情形是特殊的,它的好处是降低了贷款的利息,从金匠、放债人和其他掌握流动现金的人手上夺得了最合他们胃口的交易,那就是:当巨额关税或外汇需要商人付出超出他的一般能力的现款时,他们便按特别高的贴现折扣和利息贷款给他,趁人之急地谋取厚利;所以,商人如能按照宽厚的条件借到钱,他就会得到鼓励,因而有勇气进一步扩展贸易,而在苛刻的贷款条件下就不是这样了。不过,一座皇家银行在这个王国还可以产生其他莫大的好处,从上面谈的可以看到一部分,此外,它可以通过国会各项公债和抵押品的担保贷款给财政部,这样一来,我们在战时尽管不能迅速征齐应征的捐税，也不会因经济拮据而发生贻误戎机的危险，同时财政部也不会有前几代因为预先抵用岁入而必须支付过重利息的负担。地主也可以用抵押品在较宽的条件下借到款项，从而便能防止现在这种大量田产破产和被横暴无情的抵押放款人掠夺的损失。不幸的是，议会尽管通过法案建立了一座皇家银行[①]，并且，还依靠"孤儿股金"大批发行公债而成立了另一座银行，然而，我们并没有看到它们带来这些以及其他为我们所期望的利益。这两座银行在认为有必要进行自我介绍以取得公众尊重的这段时期，一直没有忽略过向大家吹嘘，总是通过广告大肆宣传自己能够做这些和那些事情，却矢口不提它们真正打算干些什么。所以，在目前，我们虽然建立了两座银行，而且，还有更多的银行正在兴办中，但是它们依然没有能够降低贷款的利息，这并不是因为它们的构成性质和基础没有这样做的倾向，而是因为它们发现自己手中有的是更惬意的交易以后，不会傻到仍然遵守那些陈腐过时的建议，而不去更加聪敏地更有利地使用它们的资本以谋取厚利。

这些话虽谴责了银行现在的行为，却丝毫不能损及银行本来的性质，也不能损及它对王国公共商业方面可能有利的性质。我们看到又有四五家银行将要成立了。我承认我对他们的期望并不大于从原有的银行那里看到的结果；我想我这样说并不刻薄，也没有什么不礼貌；我并不因为现有的或以后建立的任何银行没有做我提到的事而谴责它们，可是，它们如果偏偏宣传说要这样做，我

① 指1694年建立的英格兰银行。——译者

便不无微词了。我不以为任何人曾经指望过皇家银行会按四厘利息发放抵押贷款,而它们却宣传说:从它成立后的次年一月开始就要这样做,这就未免言不由衷,因为据我所知,直到今天为止,它们像这样的贷款连一文钱都没有贷出过呢。

说真的,我们的银行只不过是一家信誉很高(董事们的声望也很高)的、引人存钱的金饰店而已。他们,我指的是董事们,从中得到好处。如果你是活期存款,他们一点利息也不给你;如果是定期存款,他们只给你三厘年利,可是,伦巴德大街[①]上的任何金匠早就在这样做了;然而,这些银行当向外贷款的时候却百般刁难,规定得那样苛刻、繁冗、盘问得那样寻根究底,而索取抵押品又是那样的公开,以致稍为懦弱的人谁也不肯向他们问津;所以,原来打算便利贷款的企图就这样变成了画饼,因为这里面是有私利可图的,虽然它打着为公共利益的旗号;一句话,它只不过是一种为少数和原来资本有关的人谋求私利的巨大行业;尽管我们有理由希望银行能给公众带来很大好处,因为它们曾经这样允诺过,可是我们所知道的未来就是这样的一些情况。

可见,银行自始就是可能非常有利于这一王国的。如果出于他们自己的慷慨或者是由于公共当局的强迫,他们能够像关心自己的私利一样地也关心公共的利益的话,这就会对王国大有裨益。

让我来解释一下我的意思:——银行是由公共当局建立的,所以和一切公共事业一样,也应该受到公共当局的制约;通过这种制约使一般贸易的便利和特殊资本的改善都得到适当的照顾,这就

① 伦敦的银行和商业中心区。——译者

能够把银行变成一项真正有用而有益的事业。

首先,一座银行的规模大小应当和它所在地区的商业成比例;而皇家银行离这种标准却还相去甚远,它对全市商业来说,就如同伦巴德大街上一家最小的金匠的现金和这座银行相比一样。目前人们正在筹备成立更多的银行,其原因就在于此。我不怀疑伦敦的银行不久将会和彩票一样的普遍,只是这多半会使它们的声誉每况愈下,或者引起彼此攻讦的内讧。的确,英格兰银行是有一笔股本的,但是,即使这笔股本完全不涉及政府的公共事务,也不会超过经营本城交易总额所需要的资本的五分之一;这项交易是它应当做至少是能够做的,虽然它并没有做。我以为我敢大胆地说:在目前,这家银行的资本有一半以上都被财政部的事务吸收了①。

我想谁也不会把这番议论看成是对英格兰银行的谩骂。我认为它是一项非常好的基金,非常有用和非常有利可图的基金。它也曾帮助过政府,并且使所有者得到了利润;正当我们的敌人大肆污蔑我们如何贫困和财政拮据的时候,它的成立对于我国,特别是对本城来说,是一种特殊的光荣。当它成立的时候,当《巴黎官报》正向全世界宣告:国会确已批准国王通过发行若干年后才还清的公债来筹措款项,可是银根奇紧,不会有可以挪用的钱。就在这时候,财政部除了通过预征由其他税收中得到三百万镑收入以外,在不到若干天的时间内,人们又张罗了一百二十万镑,或者(用法文来说)一千五百万以上里弗的剩余资本自愿交给财政部。此外,我

① 1694年成立的英格兰银行开张的第一笔交易,就是以8%的利息贷款给政府;一百二十万英镑原始资本全部贷给政府充作战费了。——译者

还认为现在的英格兰银行对财政部来说一直很有用,并且使国王能够汇款给法兰德斯的驻军发饷,——顺便说一句,这样做对它本身也非常有利。可是这家银行仍然还达不到这里的营业所要求的规模;以它拥有的全部资本也不能够保证那种早就提出的莫大的利益——降低贷款利息,而无论是在阿姆斯特丹、热那亚,还是在其他地区,所有的外国银行都绝对控制着利息。在我看来,单凭银行的增多并不能弥补这种缺陷,只有在它们彼此能完全取得谅解的情况下才能对形势有所裨益。

也许我们可以提出几种弥补这一缺陷的方法。在这里,我愿意不揣冒昧地提示几点。

第一,目前,这家银行应该把它的资本至少扩大到五百万镑,资本的支付仍然按现行的办法结算,但是,应当加上某些使它的经营方法更有益于公众的微小限制。

五百万镑是一个巨大的数目,加上银行的现金信贷,这就使它能够吸收本城的全部游资,其总额或许会达到二百五十万镑;此外,还有流通证券的信用,它通过流通无疑又会相当于二百五十万镑;所以通过股金、信用和银行证券,它们的现金余额就始终能保持一千万英镑,这是一笔每一个会说它的人却不见得都能理解它的数目。

这件事想起来虽然很奇怪,可是当我们考查它的时候,就发现为所有这些资本找出路并不是什么难事。先说营业问题。随着它的股份的扩大,这家银行应该扩大它的董事人数,并且,成立由董事会组成的若干小组委员会,分别指导若干和它所负责的各种特殊营业部门有关的办事处;这些小组委员会受董事长和全体董事管辖，可是，在签订合同方面具有专权。在这方面应该成立：

一个负责货物关税贷款的办事处，可以用简便的办法做出这样的安排；商人能够极其容易地即时缴纳高额的关税，通过按四厘利息向银行借款，商人首先能够保证缴付根据国王规定在海关上应该即时缴纳的10%（镑）关税；其次，还可以避免为了借这一笔钱到处找保人和抵押品的麻烦，这笔钱不知道曾使多少人吃了苦头，使他本人或他的朋友落入扣押令的魔掌，闹到完全破产的地步；本来，在比较温和的待遇下，商人是可以还清自己所有债务的，而这种办法却使他们倾家荡产，无法向他的债主提出任何可以容忍的建议。这方面的买卖是一种大买卖，也需要花费相当比例的大宗现金。使银行成为一个巨额关税的付款人是天下最容易的事，而商人因此却能体面地据有自己的货物，他的名誉既不会受到任何损失，货物的销售也不受到任何妨碍。

譬如说，我有一百大桶要进口的烟草，所有应抽税的关税总额为一千镑，我缺乏清付这笔关税的现金。于是，我拿着货单到银行去，银行指定职员把货物上账，并为此付清关税；由银行上账的货物，就其任何一部分或全部来说，他们都拥有充分的权利，而同时却可以免去立抵押券、卖据或毁约条件等等的麻烦。货物运到靠岸的一家栈房里，商人可以像在自己的栈房里一样自由和公开地接近货物，并且可以体面地自由出售或解交全部（清付欠款以后）或一部分货物，在后一种情况下不需要清付欠款，只需要留下足够的抵押量即可；商人可以从解交的那一部分货物中，用买主签出的票据或其他的方法如数还清欠款，他只付出四厘（镑）利息，此外不会受到任何勒索。

这种办法将给商业带来莫大的便利，使商人免除了金匠这类人的侮辱，为我们的公共关税管理带来荣誉，同时，对海关本身也有好处，从而完全消灭了敲诈勒索。因此，这将使银行具备它应有的价值，让全人类都承认银行是有益于公众的。商人在这方面遭受敲诈勒索的痛苦是极大的；我要谴责金匠，因为商人在这种场合下大都向他们借钱，同时，我也要把这归咎于其他许多掮客和钱鬼子，他们全都捞了商人一把。我亲自见过这样的事：伦巴德大街上的金匠借给一个人七百镑，让他缴纳一百大桶西班牙酒的关税。借钱的人立下抵押券把酒交给他当作抵押品，酒被搬入他掌握着钥匙的地窖；商人要依约付六厘利息（镑），并且还要承认10%（镑）的贴现才得到借款。当金匠占有酒的时候，商人不能派自己的人来照料酒桶，始终由金匠派人看管，而商人却须按天付给看管人五先令。商人带着顾客看货的时候，非由金匠派的人领着不可，借钱的期限是两个月；商人可能把酒卖掉的方法，是一次只出售或点交一桶、两桶或三桶，可是，他不得这样做。不知道是商人说错了，还是金匠故意听错了，反正商人非得一下子统统卖光不可，不然，就连一桶也不能卖。这样一来，货便脱不了手，等到贷款满期，金匠就要求在原利以外另加一厘（基尼）的滞还补偿金，弄到后来，由于渗漏、败坏和其他事故，酒变少了。这时候，金匠就开始告诉商人说：他恐怕现在的酒抵不上所借的钱了，要求另加抵押品；过不多久，他会变得更加咄咄逼人，迫使商人还债。这个商人因为拿不出钱来，只得听放款人摆布，不得已忍痛把酒割让，酒——这时只剩下七十桶好酒、四桶变了质的酒（其余的填补了亏空）——按好酒每桶十三镑、变质的酒每桶三镑售出，一共只卖得九百二十二镑：

	镑
商人费用	30
一年半的酒窖存放费	18
按借约付利息	63
金匠手下人的照管费	8
预付和滞还借款津贴	74
	193
借贷的本钱	700
	893
商人实收	29
	922

按照最低的估计，商人在这批酒上的花费如下：——

生产成本和运费。

在里斯本，每桶酒价为十五千里尔，所以酒共值一千五百千里尔，按每一千里尔折合六镑四便士计算，共为	475镑
运往伦敦的运费，每吨三镑，	150
按五百镑保险，缴2%保险费	10
零星费用	5
	640

所以，我们可以明显看出，这个可怜的人被这位财东盘剥得赔光了全部资本，外加运费和各项费用，他的一百桶酒只卖得二十九镑。

银行的另一办事处要占用相当大的一部分资本。这个办事处专门经营抵押贷款，应该附设栈房和商站，经货主同意后，所有各种货物都可以在那里公开出售，这对货主好处很大，而银行收取四厘利息(镑)和二厘出售货物的手续费。

此外，还应该成立第三个办事处，专门经营票据，对合证券[①]

① 财政部所发证券，一半留作存根，一半发出，兑款时将证券对合验实，因此称为“对合证券”。——译者

和证券贴现，任何人都可以通过它以财政部一切对合证券和任何部分的收入按一定折扣兑取现金，这会大大有利于政府，也便利了所有在任何方面和公共事业有关的人。

第四个办事处经营四厘利息的土地抵押贷款，通过它可以使受抵人的残酷和不公平完全受到限制。为了防止诈骗，应该保持一份非常清楚的抵押登记簿。

第五个办事处经营汇兑和国外委托业务。

第六个办事处经营内地汇兑，以后在这方面将有非常广阔的营业范围。

在这一个项目下，我们有理由不妨认为这种方法将会最有效地满足有关郡银行的各种想法和认识；有了这个办事处，郡银行就完全变得没有用处和无利可图了，因为规模如我所提的这样一家银行为这类交易特设一个办事部门以后，可以很容易地把王国的全部内地汇兑营业负担起来。

通过这个办事处，可以和英格兰的所有商业城市维持这样一种交易来往，以致整个王国全都和该银行做生意。在这个办事处的指导下，应该在每一郡指派一个公共出纳员驻在商业中心城市，在某些郡可以指派更多的出纳员，贵族和贸易收入的全部现金都将通过他的手汇交伦敦总行，总行也可以把钱分别汇给各郡或各城市的出纳员，这样的小额汇兑只收取百分之零点五的汇水，通过这种办法可以比现行或日后发布的任何防盗法令都能更有效地防止钱财在路上遭受的一切损失，可以避免大批钱财在路上招引盗匪以及出匪地区因此所受的危害。

至于向政府提供公共贷款问题，同其他争执和临时事件一样，它们都可以由全体董事解决；我相信，不管是谁研究了这些分门别类的营业项目以后，只要他对详细情况具有一定的判断力，他都会承认：尽管一千万镑资本确是一项极大的数目，然而它在这些营业部门中却能找到出路。

我可以举出非常充足的理由来说明，当经营如此复杂和重要的事务的时候，为什么采用这种由特设的办事处分别负责各种特殊营业的办法不仅最顺利而且最保险；我也可以谈谈这类独立事务部门的办事手续用什么方法，它们怎样和董事会联系并受其管辖，各种账目应该怎样汇总在资本总账上，以及各种规则和申请章程等等；可是我以为没有必要谈这些，至少在这里谈它们没有必要。

如果有人在这里反对说：一家合资企业不可能经营起王国的全部交易，我的回答是：我以为这并不是不可能，也不是不切实际，特别因为它在全国的一切交易几乎都可以用流通证券和那些在外流通时间最长的证券来进行，它们由于距离的关系长期在外周转，这就增加了银行的信用，从而也增加了银行的资本。

关于银行的发展

本章上文曾谈到一座皇家银行似乎就可以控制全国的现金。可是，由于某些人坚决认为这一任务由多家银行担任比一家更适合，所以，我必须稍为考虑一下这个问题。首先，如果这许多银行都能互不发生冲突，把彼此的证券作为通货使之互相流通，彼此维持着经常的交往，那么，我完全赞同许多家银行来干这项事业要比只有一家好，因为正如和声形成悦耳的音乐一样，和谐在商业中也产生了成功。

商人之间的内讧往往是一个行业衰落的原因。我难以想象许多家银行能够在英格兰彼此协调到共同分享利益和维持彼此的信用而毋须合并资本。我承认：如果真能办到这一点，显然商业将会得到便利。

如果要我提议这些银行应该按照什么方式来成立，我的回答是：为了表示我对某些想到过同类问题的先生们应有的尊敬，我对他们的方法连谈也不谈一句，更不用说揭露了；无论就基金和创办的方式来说，我想到的都是极不相同的方法。

英格兰的每一座主要的城市都是一个可以用它为基础进行结算基金的法人，借助于特许状或议会法案，它可以顺利地解决申请作为法人这项棘手而费钱的问题。

先普遍征求认股，通过结算契据暂时委托该市或市法人的市长和市参议员保管股金，以便拿使用契据来进行申报，某些股东往往作为上述法人的成员并参加保管，因此，银行就成了该市的公共资产，有一些像法国人叫做"市政厅租金"的那种东西，以上述法人的名义经营；董事们对该法人负责，他们又转而对全体董事会负责。

假定诺福克郡的绅士们或商人们打算通过征集现金成立一个银行。征股以后，股本交给瑙威治[①]市议会，和一切银行一样由董事会经营，董事由股东中选出，只有该市市长永远是董事之一；该银行以瑙威治市法人的名义经营，不过就使用权来说，则由上述股

① 行政自治市，诺福克郡首府。——译者

东、市长和市参议员全体共同制定委托契据。我毫不怀疑这样成立的银行将具有任何银行所必需的坚实基础，在各个方面都能符合一个法人的一切目的。

像这类银行，英国很可以在下述各城市中成立十五家，这些城市中有一些并非该郡的首府，然而，却是更为重要的贸易中心，这种贸易就如金属矿脉分布在地下一样，脉络一般地分布在全英格兰：

坎特伯雷
萨列布里
厄克塞特
布利斯托尔
瓦尔塞斯特
希留布里
曼彻斯特
泰因河上的纽卡斯尔
里兹，或哈利发克斯，或约克
诺丁翰
瓦威克斯或伯明翰
牛津或里定
贝德福
瑙威治
科却斯特

每一家这样的银行都要在伦敦设有出纳员，否则，它们都要和皇家银行建立普遍来往和信用关系。

这些银行在它们的本郡都应该成为该郡制造品的集中地和商站，该郡每一个拥有制造品的人都可以得到低利贷款，同时，他要出售的货物被送往伦敦，为此目的要在那里建立起堆栈，货物于该处在完全为货主所期望的有利情况下售出，银行只收一厘佣金。或者，当制造者的货物存在上述银行的堆栈里的时候，如果他需要在伦敦赊购西班牙羊毛、棉花、油或任何其他货品，银行应当按照他的货物的总值或者至少在较少范围内为他付清账款。这些银行通过相互来往或者对其驻伦敦的出纳员发出指示，可以方便地流通彼此的票据，使得一个在普利茅斯有现款而在伯威克缺乏现款的人，可以在半小时内把他的现金从普利茅斯汇到纽卡斯尔，他只要花费半厘汇水而不会受到危险，或浪费时间和金钱；这种便利在王国一切最遥远的地方都能够实现。或者，如果一个人在纽卡斯尔要用钱，而他的货却在瓦尔塞斯特或者任何其他纺织城市，他只要把自己要出售的货物送到瓦尔塞斯特银行的堆栈，就可以方便地由该银行汇款到纽卡斯尔或任何其他地区，好像他的货物已经卖掉并且收到货款一样；他并不会因他享有的便利而受到任何敲诈。

读者诸君要知道，这段关于银行的议论没有涉及与通货缺乏有关的现状，这似乎已终止了我们叫做“信用”的那部分资本；信用往往是，确实也必须是银行的最基本部分，任何银行没有它便无法维持下去，至少不能有利地维持下去。

一家银行只不过是聚集在一起的一大笔股金，由一部分股东代表其余股东掌管，为全体股东谋利。这笔股金不能单靠其本身股金的利润来维持，因为那太微乎其微了；它必须依靠商业的繁复引起的意外和偶然存在下去；例如，一个人要来取钱，他知道明天也可以取。他或许很忙，不愿意当天就取。只要他能够保证明天可以取钱，他便接受了银行职员签署的一张备忘录，保证他以后随时可以取钱，我们把这张备忘录叫做“支票”。到明天，当他打算取钱的时候，来了一个人找他要钱；为了省却自己取钱的麻烦，他便把上述保证他取钱的叫做支票的备忘录转给了这个人。这第二个人和第一个人的情况一样，第三个又和第二个人一样，于是支票流通了大约一个月、两个月或者三个月；这就是我们所说的信用，有一定数量的这类支票在外流通，银行在享受实际价值股本带来的利益的同时，并且享受了支票总值的虚拟价值的利益，如果没有这种信用，也就没有了这种利益，一旦所有的人都来提款，银行一定会自动倒闭，因为我敢说没有那一家银行单靠营运自己的仅有资本，就能得到任何可观的利益。

有一种银行能够为担保自己的支票储备一笔基金，这笔基金首先将为它的所有者带来一份年利，同时，也保证通行的票据可以兑现；我承认这种银行是能站得住脚的，而且也能够谋取利益，因为实际价值和虚拟价值二者兼而有之，而实际价值又始终可以使虚拟价值能够简便地兑现；我想像这样的事情只有利用土地才能够办得到，土地一方面处于让渡的状态，可以保证开出的每张支票的价值，同时又为所有者单独带来了收益；无疑地，整个王国可以说就是它本身的银行，虽然在这个银行里找不到现金。

我曾写过几篇文章阐述了我认为土地是公共银行最好基础的看法，谈到很容易使它满足所存现金的一切目的，并且，可以获得双重的利益；尽管这些文章已经写就，可是，由于有一位先生先我发表了同一性质的文章，我就愉快地不再把它们拿出来献丑了；我一般总还有这样的见识：当见解比我更高明的人在议事论物的时候，我往往是不会开口的。

林肯法学协会的约翰·埃斯吉尔写了题目叫《为创造非金银的一种货币提出几点论证》的一篇短文，该文对所讨论的问题分析得是那样透彻，论点是那样的有力，推理是那样的分明，而论断和文风又是那样的独特，所以，凡是有心计的人都一定会十分感谢他写了这篇文章。

一看到他的那本小册子，我便放弃了自己写的一切有关那一问题的文章;因为我最好还是承认自己不能像他那样讨论那一问题,而不要以我的傲慢再在那一问题上说服世人。

关于公路

为了维修公路,全国苦于一项沉重的捐税负担,而公路却依然处在非常恶劣的状况中。我毫不怀疑,如果有权指导该项事务的人考虑一下这个问题,王国就可能完全摆脱这种负担,并且使公路保持良好的状况——王国大部分地区公路的状况目前都不光彩,在许多地区竟陷于完全无法通行;商旅行客为此得缴纳各项通行税和税款,同时,为绕越大路而侵入和践踏路边的土地也给土地所有者带来了莫大的损害。

公路费是王国税收中征收得最随意和最不公平的一种。有些地方按照每镑六便士的税率一年征收两三次:有些地方由于道路状况极坏或者由于筑路材料取给过远,全教区都无法筹足要支付的费用;有些地方的公路监察员并不把征得的养路捐用于养路,滥用、勒索、纵容作弊、欺诈、挪用公款等等简直不可胜数。

当罗马人统治本岛的时候,他们所关心的要事之一就是建筑和保养王国的公路,我们今天使用的主要道路便是他们计划出来的;道路的维修工作是这样的重要(或者至少看起来是这样),他们甚至不惜使自己的罗马军团屈尊参加修路,在冬季或者在和土著居民讲和或停战的空隙时间,他们的全部大军往往都投入了这项工作。这些堤道和大路的遗迹都是罗马人留给我们的最宏伟壮丽的纪念品,今天我们在王国的许多地区都可以看到它们;通过还看得见的遗迹,我们发现有些道路是贯通全国的,有些是为适应特殊的需要，从这一殖民地通往另一殖民地的，长达一百多哩的一段。有人会告诉你，那条叫做“瓦特林大街”的著名公路或大道，起自“伦敦石”，经过市内我们今天称之为瓦特林街的那条大街，向西通到现在的泰本所在地，然后转向西北直达圣·阿尔本斯，其路线之直使它至今仍是国内最直的一条道路(一连二十哩路都是一条直线)，现在，即使不是主要的道路了，然而仍不失为一条通往圣·阿尔本斯的优良的而且我以为是最好的道路，它依旧被叫做“大街路”；我们发现，这条路从圣·阿尔本斯又伸入希罗普郡一百六十哩以上，沿途有许多明显的古迹，这些古迹是卡姆顿先生[①]发现的，并且，他还对它们做了精确的描写。另外，还有一条罗马人筑的“壕沟路”，至今还清楚地显示出原是一条高堤道，宽达三十呎以上，两旁掘有壕沟，在必要的地方垫成弓形或者铺平，在美丽和线路之直方面比之穿越海德公园的国王的新路毫无逊色；这条路现在还保持着上述状况，从莫歇菲尔德附近通到西伦塞斯脱，再从西伦塞斯脱通到格罗斯脱以东三哩外的小山，全长不下二十六哩，一直被用作通往这些城市的大道，也许，在很少修整的情况下，已经被这样地使用了一千年。

如果我们把作为异教徒的罗马人的野蛮和风俗姑且撇开不谈，而把他们看成是文明的政府，我们就必须承认：他们在改善和增加技艺与学识方面堪称全世界的楷模，他们使那些被他们以威武征服的国家和民族变得文明化和组织化了。如果这是他们最关心的事务之一，那么这种考虑就会推动某些事情。我愿意提出三

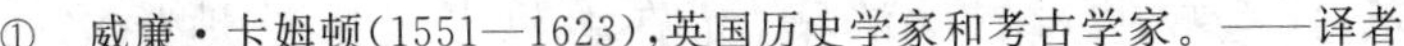

① 威廉·卡姆顿(1551—1623)，英国历史学家和考古学家。——译者

点来证明这个慷慨的民族曾经作出的伟大榜样：

（一）公路很有用。由于它便利马车通行，因而在一个商业国家里大大有益于贸易，并且促进了我国内地贸易经营必不可少的普遍通信。对此，我可以举出一条安全、舒适和维修良好，对居民和旅客两利的公路具有的千百种便利，不过，我想这样做并没有必要。

（二）筑公路并不难。我毫不怀疑，使全部公路，特别是英格兰的公路有个挺像样的状况并不是什么难事，我们很容易使公路给人免受洪水、无法通过的泥沼、深陷的车辙、高岗和一切过去俯拾即是的不便利之害；当这件事完成以后，使它保持住这种情况还要更加容易。

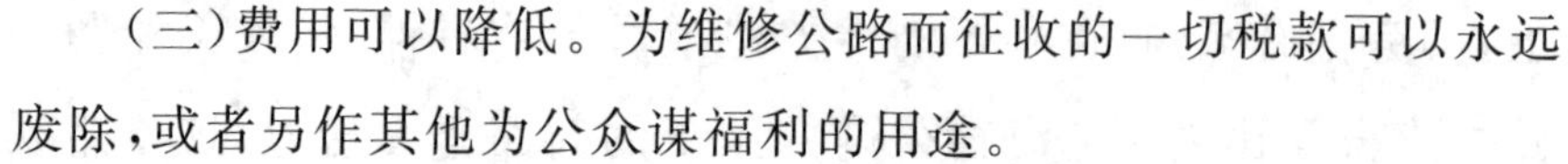

（三）费用可以降低。为维修公路而征收的一切税款可以永远废除，或者另作其他为公众谋福利的用途。

在这里我想请读者允许我说几句题外的话。

我不是以承包商的身份提出下列建议的，也不是像我们谈的计划创制人一样，向公众开出一个我愿意为之实行计划的价格，我只是公开发表一项待人实行的计划，到公共事务允许我们的官吏考虑这一计划的时候，他们会发现它完全切实可行，因此，他们会找到愿意实行这一计划的足够多的人；在承包之风盛行的当代，我毫不怀疑在任何时候都能毫不困难地找到这样的人，他们自愿出资在任何单独一个郡里实行这一计划，为全国做出一个榜样和试验。

我的建议如下：

首先，议会要通过一项法案，允许承包人自由挖地掘沟，砍倒篱笆、树木或排除一切妨碍挖沟、排水和疏泄积水，清理、扩大和平整路面的东西；承包人有权切断或圈起土地，进入必要的土地，挖掘、拔掉和平倒栅栏，竖立或拔掉篱笆或树木以进行公路的扩展、加宽和排水；承包人有权在工程指导者认为必要时改变道路、水路或河流小溪的方向；当然，当他们这样做的时候始终要先使这类土地的所有者满意，他们或者换给原主相等的土地，或者给以现金，地价暂时由大法官或掌玺大臣另外指派两个没有利害关系的人加以调整；凡是要把水流引离任何水磨的时候，一定要先使原地主和租户都满意。

不过，在我继续往下谈以前，我一定要就这一问题说一两句话。

道路的下陷和路面状况的恶劣主要是甚至几乎完全是由积水引起的。由于人们对挖掘和疏浚沟渠、排水道及其他水道和清除通道缺乏应有的注意，没有排除积水，因此，积水渗入地下，把地浸渍得不能承受马匹和马车的重量，为了防止这一弊害，上述挖地、掘沟和砍伐等权力将是完全必要的。可是由于这项自由权力似乎极大，也许有人会以为不宜把这项过大的权力授予任何人来对付他的邻人，我的回答是：

（一）这是完全必要的，否则，工程就无法进行；实施这项工程带来的利益比所能引起的损害要大得多。

（二）所有者将得到满意的补偿，在损害还未形成以前先得到的补偿当然是等值的；我想，这两方再加在一起准能充分地回答在这个问题上的任何反对意见。

除了议会法案以外，还应该成立一个至少由十五人组成的、代表承包人的委员会，每郡都有权派十人参加该委员会，上述十五人当每次开会讨论关于该郡事务的时候，都要让这十人始终参与会议；上述十五人或其中七人应为工程的指导人，由上述十人或其中五人担任有关权利和要求等方面的顾问；上述十人负责排解各郡中的争执，有权通过诉讼程序代表将受上述工程侵犯或损害的领主或城市或法人的特权上诉；一切上诉都应由大法官或由他指定的委员会尽速听取和做出判决，以免工程中断。

这个委员会将授权上述十五人强制征集运货马车、普通车辆、马匹、牛和人，有权使征集到的人畜车辆在规定的离原住地若干哩以内的地区内，按一定的税率服一定时期的劳役。在割草或收获或赶集的日期，征集任何人、马匹或车辆做工的时候，都必须得到被征人的同意；如果被征人宣称有某种事务，他和他的马匹或车辆就得真的到他所说要去的集市上去。

凡是稍微了解英格兰公路现状的人，都清楚地知道：大部分地区都有向行旅开放的一段来往便利的土地，以供驱过牲畜或者让骑兵通行，其隘路狭道之少或许和任何其他国家的大道状况一样。一般地说，十字路是比较窄的，不过，在大部分地区仍然宽到足以通过并行的两辆马车；另一方面，我们大部分公路上都有大量的土地好像是多余的公路似的被荒废了；当然，在这些土地上也有牲畜或行人偶然通过，然而，作为道路来说确实对行人没有丝毫好处，作为公共荒地既无利于穷人，作为荒地也无益于领主；这块土地长不出它应该长出那么多的树木或牧草，相反地，在冬季被到处乱跑的牛群无谓地践踏得泥泞不堪，一塌糊涂，或者在夏季被尘土糟蹋得无以名状。我在英格兰许多地区都看到和附近圈地土壤一样良好的这种土地，它们同样能够被改善和有目的利用。

我们只要让道路的宽度缩小一些，把这些土地圈起来，施上肥料，它就是我提议兴办这项工程需要的巨款所依靠的基金。这些土地（以后我还要著文对它做出估价）被圈起来以后，可以出售以筹集资本，也适于用来和那些因为扩展道路需要出让一部分土地的先生们交换；并且，把这种土地始终保留一定的数量租给佃户，缴纳的地租归入公共资本或承包人的银行，或者留作维修道路的保证；如果道路得不到这样的维护，上述银行就要丧失其土地。

另一部分资本一定是人手，因为人的资本就是金钱的资本，为此，每郡、市、镇、教区都应该按固定价格缴纳一笔相当于公路八年维修费的税款，每郡并毋须缴纳现款，而是通过征集人、马、车辆的服役折抵纳税，人和马匹等由筑路指导人支配；在这种情况下，一切体罚如笞刑、足枷、颈手枷、感化院等都可以简便地改变为一定日数的筑路劳役，由于这样的提供人工，全国在以后就会永远免除任何金钱或劳役形式的修路捐，不过，修桥却不在此例。

目前，对这项计划有几种普遍的反对意见，头一个就是在英格兰曾引起过莫大纷争的问题——倾向于损害贫民和减少贫民人口的、把公地圈为私有的措施。

第二个反对意见是：由谁督促承包人把工程实行到一定的限度，由谁当这项工程的检查人和监督人呢？

关于第一项圈起公地的问题，就侵犯到“大宪章”和贫民的财产中最可观的一部分这种提法来说，我有如下的答辩：

（一）在我们要圈的土地上，贫民并不能真的得到任何好处，或者至少是得不到可观的好处。

（二）经营这项巨大事业的银行和公共资本将有许多需人做的零活和用人的差事，这都只适合于劳苦的贫民来做，因此，他们可以为能够工作而受害的贫民找到生活出路；那些不能工作的贫民也可以得到价值超过所受损失的看管、照料等津贴。

（三）谈到减少贫民人口的问题，通过下列措施可以收到正相反的效果：承包人有义务每隔一定的距离必须在路旁建立农舍，每处至少要建两所，这将有助于修路工程和行旅安全，每所农舍应配给一份足以吸引贫民的土地，凡是按照规定照管公路的贫民都可终身免费居住这些农舍；通过这种措施和其他许多方法，贫民非但不会遭受损害，反而从这项建议中获得了巨大利益。

（四）通过每隔适当距离在公路旁建立的农舍，一个人可以像逛大街似的周游全英格兰，他在旅途中既不会孤立无援地遭人抢劫，也不会缺乏向导。

（五）这项事业一旦得到适当的完成，可能用不了几年就形成了没有贫民需要依靠公地生活的局面；假使果真如此，还给贫民保留公地干什么呢？关于这个问题，我们将在以后适当的地方再谈。

关于第二种反对意见，即由谁督促承包人实行计划的问题，我的回答是：

（一）如果他们不实行计划，就应该撤销他们的委任状和特许状，没收他们的资本，而未出售的圈起的土地则成为抵押品，这将是可靠的保证。

（二）每郡选出的十人应该有权检查工程情况和提出控诉，大法官在接到此项控诉后应当进行调查，并且通过陪审团做出裁决；如果他们确实没有依约履行计划，就应该强制他们履行约定。

（三）交给银行的土地应只用于上述的各方面，不论何时，如果公路不能保持最初规定的状况，银行就应在国家公诉下被科以罚金。

所有这些和其他可以想出的条件经过比我聪敏的人用法律形式固定以后，我完全相信它必能形成一套对国家和贫民以及公众都有同等利益的制度，这是一套如此公平而稳固的制度，在近代世界史上还从来没有实行过。现在，我们一般地谈一下这个问题，举一个或许在王国中还是独一无二的地区为例，那就是米德尔色克斯的伊斯林顿，全英格兰最大的公路通过这片大教区，在这条大路上来往的行旅最多，赶往史密斯菲尔德市场去的牲畜尤其频繁。这条大路有那么多的支路，而穿过教区的路又是那样的长，加上这里是不便于行走的黏土地，附近没有沙砾，因此——说得缓和些——这个教区无力使道路得到应有的维修，这样一来，教区里好多条十字路都变得完全不能通行，车辆、马匹和人几乎将被陷入凹坑和泥沼里，而干路本身多年来也一直处在一种非常恶劣的状况中，这曾引起人们在国会中提过几次动议，建议在“高门”[①]征收通行税以进行教区不可能做然而却绝对需要做的工程。伊斯林顿教区放弃境内道路上占用的一切荒地，借以摆脱不堪忍受的公路维修税，同时，用某种别的方法来解决从荒地上得不到多大好处的贫民的生活；这难道不是很可能的事吗？我直率地断言，只要把现在向公路开放的荒废和几乎是无用的土地让出来，从而加以改善（它们也很容易改善），以后再施以折抵八年税额的工役，就可以修起

① 地名，伦敦北郊住宅区。——译者

一条宏伟壮丽的堤道,两旁有深度足以容水的壕沟和能够充分排水的泄水道,堤道本身至少高四呎,宽三十到四十呎,从伦敦直通巴涅特,中间铺成弓形,以沙砾和其他材料筑成,只要经常小修修就不致损坏。

我希望现在不会有人神经过敏到这种地步,一听到我提出把向公路开放的土地交给筑路的承包人,就以为我的意思是说为了这项工程,我们就要把芬契尼公地[①]全部圈起来卖掉;不过,为了预防有人真会提出这样一种荒唐的反对意见,我想不妨提一提下面几句话:在一条公路穿过一大片公有森林或荒地的地方,如果在一定的距离以内两旁没有篱笆,那么,几个教区将按照上述公路的长度和宽度授予筑路指导者一定数量的和公路平行的公地;此外还必须考虑到土地的性质,不然,就只直接给予他们筑路的土地,让他们在上述公地境内的任何地点得到相当于路旁同等土地的圈地;因此,在好地和附近有堤道建筑材料的地方,较少的土地便够用了;如果情况相反,便要占用较多的土地;不过,一般地说,大都授予他们数量和堤道长度成比例,宽四十竿[②]的土地,而在丘陵、平原等土质不好的地方,授地的比例应该考虑由国家来调整。

另外,关于道路规模的问题也应该加以调整,我认为它的宽度不应小于:

从伦敦起每条路的头十哩为高驿道,路面必须达到宽四十呎、高四呎、沟宽八呎、深六呎,从十哩以后起则为宽三十呎,其余尺寸

---

① 芬契尼在伦敦郊区。——译者

② 英国长度名,一竿等于16.5呎。——译者

依此比例类推。

十字路宽二十呎，壕沟大小依比例类推；小路和隘道都在九呎以上，没有壕沟。

高驿道的中央用石子、白垩或沙砾铺成，通常保持比两侧高过二呎，这样水就可以畅流无阻地排入沟中，并且经常雇有养路工填补坑洞、排除积水，疏浚渠道以及做其他类似的必要工作——这是拦路盗贼的适当工作，这类歹徒有了工作便可能免于走上绞架。

这里，也许有人反对说：从道理上讲，要让较穷的老百姓缴纳八年的路捐，无论如何是太多了；例如，拥有几匹马的一个农夫当征收普通税时只需做一星期的工，我们不应该苛刻到让任何人一下子工作八星期，回答这种反对意见很容易。

要征收的税额必须分文不少；如果一个农夫的牲畜一下子服这样长的劳役，就会对他有所损害，那么，他可以分成若干次去服役，或者同意纳税，可以按估定的税金分若干次缴纳，银行可以尽量照顾他的便利。

另外，还可以找到一种立刻确定这件工程的方法，譬如为米德尔色克斯郡的公路专门成立一家银行。就目前而论，无疑该郡的公路在王国中是交通最频繁的，所以也就需要更多的养路费，而该郡某些地区道路状况的恶劣在全国范围内也是非常突出的。

如果国会指定一家银行在一定的年限内专门经管公路检查费用，该银行必须保证担当起该项工作，否则将会丧失上述的授产。

情况是这样的：假定米德尔色克斯郡土地税和住宅税的总额确实是或者应该安排到每年共达两万镑左右——现在的实际数字就是这么多，如果把农夫牲畜的劳役包括在内，数目还要大得多；这种劳役一定要按金钱计算,而且和金钱等值;此外,还有一笔向伦敦城等地征收的津贴。伦敦城等地对上述道路的利用确实最频繁,享受的利益也最大,无论是该城运送货物或者是向该城供给食粮都要利用上述道路,因此,照道理应该负担一笔公路的修护费用;伦敦全城需要的活牲畜似乎都是通过由高门到史密斯菲尔德的公路供应的,而且,这些牲畜把道路践踏得一塌糊涂,因此,如果只让伊斯林顿教区负担全部修路费,这将是一件不公平的事。所以我想每年应该向伦敦城征收一万镑以上的公路税,这笔钱可以规定由运输业者、家畜商以及一切拥有牲畜、马匹或马车等等的人缴纳,或者用其他许多最公平合理的办法征集。在教区、领主和业主的同意下,该郡的荒地将由筑路承包人圈起和出租(米德尔色克斯的地租一般都很高),这笔收入每年可达五千镑以上。这时候,如果议会通过一项法案,规定按每年三万镑征收八年的捐税,这笔税大部分可以用人工折抵,而不用现钱缴纳,以后并可以永远用荒地上的收益抵付捐税;在这种情况下,我敢大胆地保证米德尔色克斯全郡的公路将筑成下列形式,每年有五千镑收益的土地一定会永远保证公路的维修,而全郡以后将永远摆脱一切公路维修税的负担。

我不打算笼统地像以本身尚待证明的原理作为论据的议论一样,提出一项建议而不加以说明,因此,我愿意对这项计划的如何进行,在下列各小题下详细地讨论一番:

1. 我建议怎样修公路。

2. 一共要花多少钱。

3. 这笔钱如何筹集。

4. 用什么东西保证工程的完成。

5. 承包人有什么利益。

1. 我建议怎样修公路。

我的第一个回答是：不要仅仅是修缮修缮；第二个回答是：不要变更它们，也就是说不要变更它们现在的路线，而要把它们建筑得尽善尽美。至于细节方面，首先一定要注意我指的是哪些路以及它们的大小。

第一，高驿道，米德尔色克斯郡共有下列各条：

	哩
从伦敦到斯坦恩斯，为	15
从伦敦到柯尔布鲁克，从赫恩斯诺[①]起算	5
从伦敦到厄克斯布里治	15
从伦敦到波斯比，旧大道	10
从伦敦到巴涅特或其附近	9
从伦敦到维尔路中的华尔坦十字路	10
从伦敦到波	2
	66

除了上列的几条以外，还有许多十字路、小路、间道也要加以照管，其中，有些可以修好，有些可以完全不管或者干脆取消，或者专做牲畜路、不通车的马路或人行道，可以按照当地认为便利的方式去安排。

最有名的十字路是下列几条

	哩
从伦敦到哈克莱，旧福德和波	5
从哈克莱到达尔斯顿和伊斯林顿	2
从哈克莱到赫恩塞、莫斯维尔山，到滑兹顿	8
从托顿翰到狩猎地、南门等，叫做绿巷	6

① 伦敦西南郊区。——译者

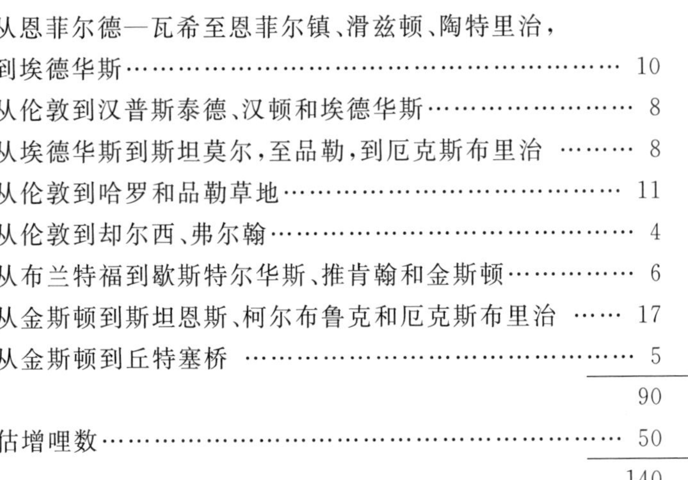

从恩菲尔德—瓦希至恩菲尔镇、滑兹顿、陶特里治，
到埃德华斯………………………………………………… 10
从伦敦到汉普斯泰德、汉顿和埃德华斯…………………… 8
从埃德华斯到斯坦莫尔，至品勒，到厄克斯布里治 ……… 8
从伦敦到哈罗和品勒草地………………………………… 11
从伦敦到却尔西、弗尔翰…………………………………… 4
从布兰特福到歇斯特尔华斯、推肯翰和金斯顿…………… 6
从金斯顿到斯坦恩斯、柯尔布鲁克和厄克斯布里治 …… 17
从金斯顿到丘特塞桥 ……………………………………… 5

90

估增哩数…………………………………………………… 50

140

因为可能有许多地区的十字路不能够算在上列数字以内，或者是我不知道和忘记了，所以，我在上述九十哩之外，另估增了五十哩，统统加在一起，米德尔色克斯的十字路就共有一百四十哩。

他如不需要的间路小道，只要像私人使用的土地所做的那样，掘开道路种上庄稼就行了；至于通牲畜的路，可以由私人照管。

另外，还有在米德尔色克斯这样的小郡无法详细计算的最后一类道路，它们是村与村之间的和离开大路的住屋通向大路的交叉小道，据我们估计不下一千哩。

所以，全郡的道路据我算来，一共有：

	哩
高驿道……………………………………………………	67
公众不太知道的十字路 …………………………………	140
间道和小路 ………………………………………………	1,000
	1,207

所有这些，就是我所说的道路，它们就照这样分成几类。

我打算怎样来修路呢？我对这个问题的回答是：

(a)就六十七哩高驿道来说，我建议把它们迅速筑成一种坚实的堤道，路基要打得很好，中间高六呎，两侧各高四呎，铺上砖或石，盖以沙砾、白垩或石块，这要看大路通过的地区能够供应何种材料而定；路面宽四十四呎，两旁凿沟，沟宽八呎，深四呎，所以，只要土地容许的话，全部宽度当为六十呎。

每隔二哩或与此相当的方便的距离，要建立附有半亩土地的农舍一所，免费授予教区中被认为合适的贫民，并且，每周发给他工资一先令；但是，这些贫民对自己所管的一段路每日至少巡视一次，并为积水疏浚流往沟渠的通道，填充洼洞或松软的地方。

路上设有两名骑马的巡路员，经常到处巡视公路有无失修的地方，向公路负责人报告情况，监督路旁农舍居民履行义务。

(b)对一百四十哩十字路来说，筑成类似的堤道，只不过是尺寸不同，如果土地条件许可，应该宽二十呎，沟宽四呎、深三呎，路的中部高三呎，两侧各高一呎或者在必要处高二呎，也复以沙砾，各教区护路的贫民的工资每周也是一先令；警官必须要在每一区找一个反复巡视公路的人，其职责和农舍居民对大路的责任一样。

每个转弯的地方都树立路标，为外乡人指明方向，并标出有多少哩的距离。

(c)至于一千哩的小路，只要妥善地和充分地予以照管，使之保持现有的状况，疏通和挖掘沟渠使积水流走，在需要的地方铺些筑路材料就行了。

以上就是我对应该怎样修路的建议，如果一旦得到实现，我想人人都会承认这是一项既有用又体面的事业。

2. 我打算谈的第二个问题是一共要花多少钱；关于这一点，我的看法是：

假定材料是买的，马车和人工是雇的，我提议的大堤道工程每一呎造价不会少于十便士，六十七哩长的总造价不下于一十七万六千八百八十镑，其账目如下：

每一哩按一千七百六十码计算，三呎为一码，一哩合五千二百八十呎，每呎造价为十先令，每哩造价为两千六百四十镑，再乘以六十七，得出总数为一十七万六千八百八十镑，我在这笔造价里把水道和在有需要的地方抽水的水车、阴沟等费用都计入了。

除了这笔费用以外，还要加上为三十所农舍圈地开沟以及建造三十所农舍的费用，每所造价四十镑，一共要花一千二百镑。

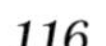

我提议修筑的较小的堤道工程每呎造价为十二便士，这种路全长一百四十哩，每哩五千二百八十呎，总造价为三万六千九百六十镑。

除了以上两项以外，还有一千哩路需要开水渠、挖阴沟和修缮，假定每竿要花三先令，全程三十二万竿就需要四万八千镑，这样一来：

	镑
高驿道或大堤道	178,080
小堤道	36,960
小路等	48,000
共	263,040

如果要我提出减轻这笔费用的某些措施，也许我可以制定出一套如何能够用这个数目少一半的钱完成这一工程的计划。

首先，征得“老贝莱”[①]法庭的批准，使一切因较小罪行被判死

① 伦敦主要刑事法庭所在地的街名。——译者

刑的犯人暂不去流放，而在公路上做一年苦工；其他犯人等可以不受鞭笞，改在公路上折服适当时间的劳役，这样一来，即使估计得保守一点，也可以得到二百个工人，他们来得快，同样去得也快，只让监工监督他们工作就行了。

其次，和几内亚公司订立协定，由他们供应二百名黑人，一般地说，黑人是很能干活的人；所有这些人都非常合理地由公共仓库维持生活。

第三，使用购买的而非雇用的车马，只要有几个能干的车夫就够了；此外，再用几个有本领指导别人的工人；这样一来，我毫不怀疑大堤道的每呎造价只要四先令；不过，关于这个问题我只是顺便提一提。

第四，可以为工程请求捐助和献金。

3. 对“这笔钱如何等集?”的问题，我以为议会只要按每年三万镑税率向该地区征收八年的路捐，人们便不需要问它怎样筹集了。筹这笔钱将很容易；不会有教区抱怨在这一期间多缴一点税款，如果以后将永不再缴公路捐的话。

每年三万镑的八年税额足以保证通过预先抵用(如果需要的话)借到款项，这笔基金由国会保管，专作筑路拨款而不移作别用。

4. 谈到用什么东西保证工程履行的问题。

圈起来的土地可以根据国会同一法案拨给银行和承包人，但是，他们必须担当责任；如果经过一段合理的时间以后，某某教区内任何地方的道路并没有维护和保持规定的状态，一经大陪审员提出，这些土地就要被没收，供这类道路通过的几个教区使用。因此，对该地区来说，像这样安置的土地便成了维持道路不会失修的永久保证，因为它们的价值要比修路的需费高得多，承包人保持他们对这些土地的所有权是合算的；由于他们的权利很不稳固，动辄有可能被没收土地或因违约而受罚，所以他们会经常注意维修公路。

最后，承包人有什么利益呢？因为我们一定要叫他们有利可得，而且，要有厚利，否则，就不会有人愿意承包这项工程。

对于这一点，我的建议是，第一：

在工程进行中，让他们每年从筑路费中领取三千镑管理费。

竣工以后，只要公路养护得很好，由每年五千镑中节省下的钱便归他们所有；如果作为保证品的土地每年不能有五千镑收益，那么，便由八年路捐中另外拨款购买土地以补足亏额；如果收益超过这个数目，这笔利益就归冒险者所有。

在这里，有人可能提出异议说：每年三万镑的八年税款将会在能够适当花完的时候源源不断地收到，因此，毋须预先举债，这是由于所建议的全部工程大概不能够在较短的时间内完成；如果是这样的话，那么：

	镑
该地区税额达	240,000
土地八年节余的收益	40,000
	280,000

这个数字比修路费多出一万三千镑；如果工程的造价如上述那样低廉，承包人获得的利润就不合理了。

对此，我的回答是：我的意思是限定承包人只能每年领三千镑管理费作为薪金，如果能省下整整一年的税款，就可以不向地方征收这笔税，或者把它交给银行，以供像兴建大桥这样的建筑工程使用，或者用于非常多雨或霜冻的季节，这些季节可能损害道路，使之需要不同于一般的修缮。可是承包人不应该从这种余款中牟取私利；我们可能想出很多防止中饱的方法。

另一种异议是针对在荒地上圈地的可能性而发的，这类荒地一般都属于某个领地，它的地产权可能是如此的复杂，因而在其他方面可能受到如此的牵累，以致即使领主本人愿意，也不能把这些土地让出来。

对这一问题，可以概括地这样回答：议会法案在土地的所有权和租借权方面是无所不能的，可以使领主和佃农能够同意他们本来不能够同意的事。至于细节方面，在未被提出以前是无法回答的，不过毫无疑问的是：国会法案可以在一项条款里就把这个问题全部安排好了。

英格兰的一切地区都实行了这项计划，英国该会变成一个多么美好的王国啊！然而，我认为这个计划是行得通的，即使在最糟糕的情况下也是行得通的。我曾在塞萨克斯那个无法通行的郡内详细地观察过一切重要的道路，该郡的交通情况，特别是在“荒原”（他们给这个地方起的名字非常确切）地区，使乡村居民在冬季很难到集市上去，因此，集市上的粮食由于奇货可居而价格昂贵，而在农夫家里购买却相当便宜，因为他不能把粮食带到集市上去；不过，即使就在该郡，如果有国会法案的批准做支持，我也愿意保证实行这项计划，并且，保证会获得很大的好处。

我曾经在那个可怕的郡看到过宽六十到一百码的道路，从这边到那边都被牲畜踩得泥泞不堪，土地处在对人毫无利益的状态中，当马走过去的时候每走一步马腿都要陷入泥淖中，遍地是满积污水的泥沼和坑洞。为了修缮这种道路，他们耗费了数量惊人的金钱，可是就在他们修补的地方，一个缺乏经验的旅客走过时也都不免战战兢兢。罗马人最擅长这种工作，他们修筑起一条坚实的堤道，使公路笔直地穿过这片低洼的地区，通过萨莱的达金直抵斯坦斯泰德，从那里通往奥克莱并一直延伸到阿伦德尔。这条道路的名字告诉我们它是用什么材料筑成的，因为它叫做“大石路”，至今在许多地方还可以看到它的遗迹。

现在，为了使另外的二十码土地能够在一片荒凉的地区里变成一条坚固、美观而令人愉快的堤道，难道会有那个领主拒绝从我提到的路上让出四十码土地来吗？

或者，难道有谁能够否认：整顿我国的交通以便利车辆行旅通行这件事不是一件伟大的工作吗？绅士们将会在他们的地租和木材价格上发现这项工程的实惠，乡下人将会发现他们的货物现在不能带往离家咫尺以上的集镇上去，要从那里带到其他地方几乎是不可能的，但是到了那时便会卖得迥异寻常的价钱；全郡得到的利益将会百倍于在这方面付出的费用。一般说来，我们感觉到的任何不便往往是刺激我们寻求补救方法的首要动力，然而，像这样巨大的缺陷在过去竟无人为它想过某种权宜的办法，这真使我愕然了。

关于保险

我以为商人之间的保险可以说是由来已久，从我们记不起的时间起就已经流行在商业方面，不过不像现在这样成为一门行业罢了。

这是商人之间的一项盟约；它在起初对商业来说只是一种偶然现象，是由人们性情上的弱点引起的，有些人在孤单单一艘船上进行了冒险，事后又觉得所冒的风险太大，超出了合宜的程度，于是恐惧不安起来，并且向别人表示了他们的担心，也许听他们诉苦的人在同一艘船上并没有自己的财产，但是这些人提出愿意和他们共同负担一部分可能发生的损失，同时，也分享一部分利润。这种盟约由于方便而相沿成习、相习成风，成了一种惯例，直到最后它终于形成了一门行业。

我不能怀疑它的合法性，因为商业中的一切冒险都无非是为了谋利；当我出于必要，不得不在某一艘船上装上我的资本负担不起其损失的较多货物时，另一个人当然可以提出和我合伙；如果我分一部分利润给他，他就应该承担一部分风险，只要他承担了一部分风险，他就应该分享一部分利润，二者都是同样公道的。有些人反对保险费和风险之间差别悬殊，保险商承担从牙买加到伦敦的海上风险，每一百镑只收保险费四十先令，据他们说，这个数字未免太不公平合理了。对商人来说，这种异议虽然很少值得回答，不过，对那些不明其中究竟的人来说，这种异议好像挺公平，所以，我要麻烦读者听我谈谈下列几项有关这方面的问题。

第一，他们一定要考虑到当保险商开张的时候并没有资本。

第二，保险商所冒的只不过是一种风险，而被保险人所冒的却是出门的风险、放债在外的风险、市场的风险，他的代理商的风险，未来市场的风险等等。所以理当得到一笔相当的利润。

第三，如果是一次商业航行，也许冒险者要付出三四次这样的保险费，这有时候会使保险商从航行上赚到的钱比商人本身所赚的还要多。在一次航行中，我自己就曾在这些小额保险费上付出了一百镑，然而我赚到的却还不到五十镑，我想，有过这种遭遇的，我并不是第一个人。

这种保险的方式和其他行业一样，在当代也有了某些改进（如果读者允许我用这个名词的话），它的第一步改进便是设立了一种为房屋火灾保险的公司。一般人认为这个计划是贝尔本医生想出来的，不过，我认为他这个人作为建筑师比作为医师更著名。这个计划究竟是他发明的还是别人发明的，我不想过问；它依靠地租作为万一发生损失的赔偿基金，受到了人们的欢迎。

可是，很快接踵而起的是另一方式的保险——互助会，凡是入会者都缴纳一定份额的钱，入会者不论谁的房屋一旦遭到火灾，就用筹集的这笔钱给他盖房子。我不想断定哪种方式最好或者最成功，不过，我相信后者使发起人得到的利润最多。

只有一件事我不能不谈一下，那就是：和这两种保险团体都没有关系的人却由于它们而受惠不浅，因为这两种团体都拥有一批大都是挑水夫的壮汉，一旦发生火灾，不论起火的房子是否保过险，指定的更夫便立刻召集起这些分住在各处的消防员，我们必须承认，这些人在帮助扑灭火灾方面是非常热心和努力的。

至于进一步改善商业中的保险的问题，我毫不怀疑有许多可以改善的地方，我也不怀疑由政府收取小额税金，国王就可以变成全部对外贸易的总保险商；关于这一点，我将在另一个地方比较详细地加以讨论。

我也有这样的看法：在土地所有权如此不稳固的时代，如果能有充足的基金，在这方面建立一种保险公司并不是个一定不能成功的计划。可是,我不想多谈这个问题,因为看来它是城里某些人正在着手进行的一项计划,的确,这也不是我想出来的主意。

对人寿保险,我不能赞同。关于这个问题,我只想说一点:在意大利那种动刀子下毒药蔚然成风的地方,举办人寿保险或许犹有可说,可是,关于临时年金,无论如何,我从未听说它是很受人赞成的。

关于互助会

另一个保险部门就是利用出资分担的办法,或者(借用上文提过的名词)说是互助会,简单地说,互助会就是若干人彼此约定在他们之中万一遇到灾难或不幸的时候相互帮助。

如果人类能够彼此融洽,一切可以调节的,包藏着灾难的事物都可以进行保险。可是,在实行这种方式的保险时,特别要求一件事——只有那些生活环境至少在某种程度上相似的人,才能加入保险,因此,人类必须分成若干阶级;由于他们的意外事故各不相同,所以,每一不同的种类都可以成立一种条件相等的互助会;因为谈到人们的生活环境,由于年龄、体格和职业的不同而存在着千差万别,譬如,住在陆地上的人和漂洋过海的人,小伙子和老年人,开店的和当兵的彼此都不一样。我并不妄想对争执不休的命定、预知和天意等问题做出决断。如果一个人命定要在战壕里被打死,同样的预知或许就会促使他报名从军,以便使他战死在疆场上,也许一个水手的情况同样如此。不过,我敢肯定——我现在要谈第二个原因了——一个士兵比谁都更容易遭遇不测,因此,不能以同等条件组成这种互助会,这样一个人的寿险年金也可能和别人一样多。因此,如果一个互助会的全体成员都同意在一个会员死后，付给该会员的遗嘱执行人若干款项，那么，水手的遗嘱执行人一定会占到便宜，取得的钱比原来缴纳的要多。所以有必要把世人分门别类，水手归水手，兵士归兵士等等。

这也不是什么新鲜东西。互助会不应该妄自尊大，以为这种方法是自己发明的，或者当我们把互助金的方法应用到其他部门上的时候，以为我们有什么剽窃他们的罪过；因为我知道除了仅仅互助会这一个名字以外，并没有效法他们什么，他们总不能够把这个名字也当作有价值的发明吧。

我可以请他们看看其他方面这一类非常个别的实际事例，这早在上世纪初叶以前就发生了。在埃萨克斯、肯特和埃里岛有许多沼泽和湿地，人们在那里经过艰苦的努力和花了大量金钱以后，向海洋和河流争得了大量的土地，并且筑堤（他们叫做墙）护地，这些土地的所有人同意共同出资维护堤防，以御海水，这完全和互助会一样；假使我在任何平地或沼泽有一块土地，它虽不邻接大海或河流，而我仍然分摊一份维护上述堤墙的费用；如果海水在任何时候决了堤，损失并不落在决堤地段的业主身上（除非决堤是由于他的疏忽），而是由全部土地来负担，这就叫做平均分摊。

此外，据我所知，骑兵队里也实行这种方法，特别是当情况安排成骑兵各骑各人的马的时候，每一个私家骑兵每天从自己的军饷里拿出两便士，集成一笔公积金，不论哪一个骑兵因意外丧失了战马；便由这项公积金内拨款为他另买新马。

还有，水手向恰特姆[①]金库缴一份钱是另一种互助会；其他的

① 英国东部海港。——译者

互助会还可以举出很多。

反对这种做法的合法性将是对普遍公平与仁爱的贬抑；因为这正如当我遭到不幸或家业沦落的时候，邻人救济我本是仁慈之举一样，如果我曾答应过换一种情况我也将同样对待他，他只有这样做才算公平；如果全能的上帝曾经命令过我们在危难中要互相救助，而我们彼此立约服从这道命令肯定是值得赞美的，不，它是我们受神律的启发想出来的一项计划，据我所知，它具有这样大的范围。以致（正如我前面的说明）可以防止世界上的一切灾难，从而使人类在世界上正在发生的各种灾难、贫困和不幸前面获得保障。在这个问题上，请允许我稍为详细地谈一谈。

首先，如果所有列强都一致同意对侵略或进犯邻邦的国家进行镇压，全世界便可以保证普遍和平。生活中的一切意外，如遭逢盗贼、陆路遇洪水、海上遇风暴等各色各样的损失，都可以用这种办法预防（就如火灾已经这样保了险一样）；就某种意义来说，通过向未死者赔偿损失，死亡本身也得了某种弥补。

我将先从海员谈起；因为他们的生命比别人更容易遭受危险，所以，似乎应该首先谈谈他们。

Ⅰ.关于海员

水手是世界上的敢死队；他们是藐视恐怖的人，终年和大风浪搏斗，他们凭恃自己那一行的魔力，就在死亡的边缘上做生意，我可以说他们经常处在九死一生的境地。诚然，他们因为经常出生入死，从不把危险放在心上，可是，我希望不会有人说他们更聪敏；习惯使他们变得如此顽强而冷酷，以致我们发现他们虽然随时都可能死亡临头，却是世界上最糟糕的人。

我已经观察到，在有关这类人的英国习惯里有一个很大的弊病，用这种互助会的办法或许能够得到弥补。

如果一个自愿参加或被征为国王服务的水手在任何意外中负伤或残废，应该发给他一笔终生年金以补偿他的损失，水手们把这笔钱叫做荣誉金，这是根据他们受伤的轻重，如损失的是眼睛、手臂、腿或指头等等按照比例发给的。一个穷人因公残废，丧失了手足（这些就是他的财产），因此不能再靠卖力气挣饭吃，像这样的人就应该受到赡养，而不应该因为国效劳，失臂或断腿而饿死；这是一件非常体面的事，也是非常合理的事。

但是，你如果看看被商人雇用的水手，便会知道并没有为他们规定任何恤金，这就是以往许多艘优良的船只和大量值钱的货物惨遭损失的原因，而这些本来是可以挽救的。

水手们也有理由这样做，譬如，有一艘或许载着很多财富的商船在从东印度群岛回国的途中，碰着一只私掠船（这只私掠船并不强大，如果商船和它交交手，或许就能够逃脱）；船长把水手召集起来，对他们说：“先生们，你们该看见眼前的情况了；我相信，只要你们大伙儿帮助我，我们就能够甩开这只私掠船。”其中，有一名水手同别人一样愿意战斗，也像船长一样不是胆小鬼，可是，脑子比他的同伴稍为聪敏一些，这时候，他回答说：“尊贵的船长，我们愿意打一场，我们相信能够把它打跑。不过，情况是这样，如果我们给俘虏了，我们只会被送上岸，打发回家，或许只损失几件衣服和一点点薪水而已；可是，如果我们动手和私掠船干一番，我们之中就可能有十个八个会负伤，变成残废，这样一来我们就完了，我们家里也没人养活了。如果你肯签立一份约定，保证船主或商人给受伤残废的人发一笔年金，让我们不至于因为替这条船卖命，反而弄得自己去讨饭，那么，我们就愿意救出这条船，或者和它一齐沉下海；不然，以我来说就不愿意动手。”船长办不到这一点，于是，水手们便坐视不救，结果连船带货都损失了。

如果我把这个假设的例子变成真正的事实，指出船只和这样做的船长的名字，那么，事情便会清清楚楚，无可否定了。

因此，为了鼓励为商人服务的水手，我提议成立一个海员互助会，所有的水手或从事航海事业的人都在那里的一个海员保险公司登记下姓名和住址以及航线，向公司按季缴付一定的少量保险费——一季一便士，从该公司理事那里领得一张保证他享有下列各项权益的盖印证明书。

在战斗中或在海上因其他意外而残废的任何海员都应该由上述公司发给下列款项，发款方法可以是按年发的终生年金，也可以是一次发的现金，听凭领款者决定：

丧失一目	发给现金 25 镑或终生年金每年 2 镑
丧失双目	发给现金 100 镑或终生年金每年 8 镑
丧失一腿	发给现金 50 镑或终生年金每年 4 镑
丧失双腿	发给现金 80 镑或终生年金每年 6 镑
丧失右手	发给现金 80 镑或终生年金每年 6 镑
丧失左手	发给现金 50 镑或终生年金每年 4 镑
丧失右臂	发给现金 100 镑或终生年金每年 8 镑
丧失左臂	发给现金 80 镑或终生年金每年 6 镑
丧失双手	发给现金 160 镑或终生年金每年 12 镑
丧失双臂	发给现金 200 镑或终生年金每年 16 镑

凡手臂、小腿或大腿受伤的，发给医疗费 10 镑

凡被土耳其人俘虏的代付赎金 50 镑

凡因年老或患病而致身体衰弱，不能再航海或维持生活的　　发给终生年金每年 6 镑

对战死者或溺毙者的遗妻　　发给恤金 50 镑

考虑到这种情况，每个加入互助会的海员在有会员要求发给恤金的时候，要向上述公司缴付他摊到的定额款项，而且，在每次有人要求发给这种恤金时都要如数付款。该公司把这些要求登记下来，这些要求必须具有充分的证据，由理事分别管理并印出公布。

例如：假定有四千名海员加入这种互助会，在六个月以后——只有在入会六个月以后方得提出要求——一艘商船和私掠船发生了一次战斗，结果出现了若干需要发给恤金的要求，全部情况如下：

	镑
某甲负伤失去一腿	50
某乙被火药炸坏一目	25
某丙被轰去一臂	100
某丁被裂片刺瞎一目	25
	200
某戊被炮弹打死，发给其妻	50
	250

于是，理事们算出这些人应得的恤金，向该会成员公布，水手某某等在和法国私掠船作战中如此这般地负伤，按照公司的规章，经过理事们核算以后，他们应该领取的款额为二百五十镑，这笔钱由全体会员均摊，每人合一先令三便士，凡加入该会的人都要分别认捐一份，使上述受伤者得到救济，这正如他们万一遇到相同或类似的灾难时希望得到救济一样。

从工资中拿出一先令三便士来救济五个受伤会友，这对一个

人来说算不了什么，何况，他同时也保了险，一旦自己负了伤或残废时，也可以受到同样的救济；所以，这件事是如此的合理，以致很少会有人不参加这样的保险公司——除非他是一点见识也没有的傻瓜。

我对这件事不打算再往下谈了，因为我或许可以把这个建议告诉某些可以着手实行它的人，通过实施让世人看到它的利益。

Ⅱ.关于寡妇

在我看来，互助会的同样方法也可以是一个造福寡妇的非常适当的建议。

我们看到许多生活优裕的良家妇女，不几年便搞得倾家荡产，也许年青青的就夭亡了，丢下了满堂无衣无食的儿女。下级牧师、小店主或工匠的妻子往往遭遇到这样的命运。

这些人娶的妻子或许带来了三百镑到一千镑的嫁妆，可是他们不能够划定身后应由妻子享有的任何财产。他们或是由于生活奢侈和懒惰而败坏了家业，或是千百种的意外事故使一个商人家道中落，濒于完全破产。可怜的年青妇人或许已有三四个孩子，不得不东拉西凑地过日子，而丈夫处于受破产法威胁的狼狈境地，躲在明特或弗莱尔斯这些地区；如果丈夫一旦死去，妻子就更加无依无靠了(除非她有亲友可以投奔)。

如果我们依照下列条件成立一个叫做“寡妇保险公司”的组织：

二千名妇女或者她们的丈夫把她们的姓名和住址登记在一本专为这一目的而设立的登记册上，并且登记上她们丈夫的姓名、年龄和行业，在登记时缴纳五先令，以后每季缴纳一先令四便士，这笔钱用来成立和维持一个设有办事处和各级职员的公司，因为维持这样的公司需要一笔费用。入会的妇女每人收到一张由该公司书记盖章和理事签署的证明书，保证她能享有下述权益：

任何一个妇女在入会六个月后的任何时候不幸变成寡妇，按照所规定的格式向公司发出应有的通知和提出要求后，即可在提出要求后六个月内收到为数五百镑的现金，其中，除了公司职员收取小额的手续费以外（手续费的多寡一定要由理事决定，以便大家知道），这笔钱将毫无折扣地发给。

考虑到这样的一种情况，每逢任何一个会员变成寡妇的时候，入会的每一个妇女都有义务缴纳她摊到而应缴的一份款项，以便为该寡妇凑足五百镑，在这种情况下，假定每人的份额不超过五先令。

海员或水手的妻子将不得加入这里所建议的这种组织，其理由已如前述，因为海员比别人更容易遭遇生命危险，除非他们承认这种普遍的例外，即：他们如在王国境外殒命，其寡妇将无权领取补助金。

下面的情况也可能是一种例外：当一个寡妇提出要求的时候，如果在清理一切债务和遗产以外，她的丈夫真正（实实在在地）留给她本人使用的财产达到二千镑，她将无权要求领取补助金；成立互助会的宗旨在于雪中送炭，并非锦上添花。但是，反对这项规定的意见非常多。如：

1. 这将诱使许多人发假誓。

2. 人们将在遗嘱上弄鬼，以蒙蔽该项例外的规定。

还有一种例外也一定要规定下来，那就是：如果婚姻极不相称，如一个十九岁的姑娘嫁给一个七十岁的老翁，或者是丈夫的健康不佳（我的意思是说这种情况是谁也知道的事实），都应当另作别论。为了防止这两种情况的发生，需要做两件事：

1. 公司一定要派遣外出职员在各处搜集有关这方面的情况，一旦发现这种情形，公司在接收入会者以后的十四天内，有权退回其会费并宣布其入会为无效。

2. 凡是丈夫明显患有任何疾病的妇女，在入会一年后才可提出发给补助金的要求。

反对这一建议的主要说法之一是：你如何能够强迫人们缴付她们的捐款或季费呢？

我对这个问题的回答是：这并不需要强迫（尽管这种手段也可以使用），而是完全出于自愿的；只需要用这样的一种办法来保证款项的收齐，那就是：凡不继续缴纳应缴费用的，将丧失以往缴款所应获得的一切权益。

我还知道一种看上去像是理由充足的、反对这一建议的看法，那就是：提出要求的数目是如此地难以肯定，谁能知道她们在入会以后到底合算不合算，因为两千人中每年死去的人可能使每一个会员每年要缴纳二十镑或二十五镑；如果一个妇女这样缴了二十年的钱，最后就是得到五百镑也吃了大亏。如果她比丈夫先死了，他便消耗了丈夫相当多的财产，使他蒙受了巨大的损失。

对这种说法，我的回答是：首先，我愿意提出一个如此公平而容易办到的建议，任何入会者如果觉得会费太高或捐款的次数太多，她们可以在任何时候通知互助会随意退出，以后不再负任何义务;如果真的这样做了,就是“自作自受”——每个人都很清楚自己将会落个什么结果。

另一方面,由于死亡是一种谁也不能直接预测的意外,所以每个会员都必须承担这项风险;可是,为了使反对这种建议的偏见不致建立在错误的论据上,让我们对可能发生的危险稍作考察,根据人口的死亡率的一般比例来计算,看一看两千个入会者每年死亡的有多少人。

威廉·配第[1]爵士在他的《政治算术》一书中,根据非常精巧的计算,推算出伦敦每年的死亡率为1/40,并且用所有按比例计算的适当规律证明了这个得出的数字,所以我将从这里开始讨论我的计划。

因此,如果全英格兰的人口死亡率是1/40,也就是说,我们的二千名会员中每年将有五十人死亡;每一个妇女为每个死者捐助五便士,她肯定会同意每年花十二镑十先令为丈夫保寿险,以便在丈夫有个好歹的时候可以领取五百镑补助金;如果她比丈夫先死,这笔钱当然损失了,可是和赢利相比较,这并不是一种过分不合理的风险。

同时,我还可以举出某些理由来证明,连这种情况都不会在我们的计划里发生。首先,威廉·配第爵士假定伦敦城有一百万人口,而我们在以往疾病最流行的年代(发生瘟疫的年代除外)看到的每年人口死亡统计数从来也没有达到过两万五千人;经常只有两万人左右,这才占1/50。而且,我们在这里一定要考虑到;老人

① 威廉·配第(1623—1687),英国资产阶级古典政治经济学的始祖。——译者

和儿童前后合起来至少占死亡人数的1/3，而我们保险的对象却完全是中年人，大家都知道只有中年人最不容易死亡；如果把这种情况折算在内，根据他的计算，这么多的人每年的死亡率1/80；不过，因为我要保证为意外事件留下余地，所以我愿意假定我们的会员死亡率为1/50。

其次，必须看到，我们的互助会只有在死去丈夫的情况下才照规定发给恤金，因此这个1/50的数字绝不能以两千人作为计算的基数；因为我们可以假定女人的死亡率至少和男人一样，而死去女人并不付款，所以我所能设想的每年要求发给恤金的最大比率是每一千人中占二十人(1/50)，也就是说，每年要发给二十次恤金，每人每次摊五先令，一年合五镑，即使是一个女人按这个数目缴款二十年，最后得到一笔恤金，她也是极为合算的，而如果她完全没有机会得到报偿，这也不是什么太大的损失。我的确相信任何保险公司都可以大胆地承揽这种生意，每年向保险人收取不超过六镑的保险费，而在她成为寡妇提出要求时赔偿她五百镑。

我不想再细谈这个问题了，因为我有机会另外撰文更详细地来讨论它，承蒙几位朋友认为这个建议太有用了，不付诸实行未免可惜，他们已经决定着手实验；所以，我请读者自己去看一看公众实行这个计划的效果吧。

我提出以上两种情况作为特殊实验，说明通过互助会的方式进行保险可以做出什么样的成就；我相信我可以毫不傲慢地肯定：这个主意可以改进成为这样一些方法，它们能够防止人类的普遍贫困，使我们不再有乞丐、教区贫民、养老院和济贫院；通过这种办法，所有的人都可以领到他们应得的生活费，而不会贫苦到要靠施舍为生。

我不信谁会下贱到完全甘于行乞，他们落到这个地步不是迫于贫困，就是出于卑鄙而无厌的贪心；所以，我由此肯定，对于任何乞丐都应该施以救济或惩罚，或二者兼施。如果一个人并不贫困，仅仅是因贪婪而行乞，这说明他的灵魂卑鄙无耻已极，理应受到最大的轻蔑，我们应该像惩罚一条狗似的惩罚他。如果他行乞是由于贫困，而贫困可能起因于游手好闲，也可能是遭到意外；如果是后者，他就应该得到救济，如果是前者，他就应该受到惩罚，但是，同时也理应得到救济，因为不管一个人犯了什么过错，总不应该让他饿死。

所以，我将开始讨论一个造福人群的计划，实行了这个计划，一切绝非这样卑鄙、贫穷和无能的人，如果他是由于年老或遭逢意外而需要利用这笔钱的话，都有正当的权利领取一份安慰自己的生活费。有一种贫穷不但不是可耻的，而且是清白的，这就是：人们遭到飞来的横祸、突然的天灾，譬如火灾、船只失事、丧失四肢等，变得一贫如洗，需要依靠别人救济，他们自己并没有过错。

这些不幸一般都非常明显，很容易博得他人的赈济；然而，也有许多每况愈下的人家，他们的情况不是那样的公开，而他们的处境却相当窘迫。使人陷于贫困的原因不可胜数，而某些人穷极无奈，不得已才在世人面前暴露了自己的景况，不然，他们就会饿死；于是行乞之风由此而生，而懒惰和游手好闲又使它进一步形成了一门行业。可是，如果彻底实行了我提出的方法，行乞的原因便会根除，而结果自然也就会杜绝了。

考虑不周是人们当年轻力壮时不为年老和患病时作打算的主

要原因，保证不发生这种弊病的建议概括起来只有这么几句话：所有的人在年青、健康、能够工作并且可以积蓄一些钱的时候，应该从他们的收入中拿出一小部分交由可靠的人保管，作为一笔放在银行里的存款，以便在他们因年老或发生意外变成残废或无力自养的时候，能够因此得到救济，如果蒙上帝保佑，他们或他们的家属始终不需要这种救济，剩余的钱可以用来救济那些需要救济的人。

如果在英格兰各郡都成立一个性质与此相同的公司，我相信贫困便可以很容易被防止，而行乞现象也将被完全杜绝。

关于年金局

我建议在某个方便的地方建立一个年金局，局内设常年工作的书记、职员和检查员各一人。任何人，只要是有老老实实的劳动者，不管他们的职业或景况如何，不管他们是男是女——乞丐和兵士例外——，凡四肢完好、年龄在五十岁以下的都可以前往该局，在专备的登记册上把他们的姓名、行业和住址一一登记下来，在登记的同时缴纳六便士注册费，以后每季缴费一先令，则每人将得到一份由该局盖印的、保证他们享有下列各项权益的保险契约：

1. 这些缴费者之中如果有人因发生任何意外（因醉酒和争吵造成的除外）而折断了四肢、关节脱臼或受了危险的撞、跌、压、瘀等伤，由该局特意指定的高明的外科医生负责予以免费治疗。

2. 如果他们在任何时候患有重病，该局接到通知后即派医道精良的大夫去为他们治病，并且免费开方。

3. 如果他们由于上述疾病或意外丧失了四肢或眼睛，以致显然不能工作，同时又穷得无法自养，年金局应出资为他们治疗或发给他们终身赡养年金。

4. 如果他们变成跛子、年老或者由于身体真正衰弱（梅毒除外）而不能工作，同时又无力自养，一经查明属实，就会把他们收容到专门为此设立的救济所或济贫院，使之终生受到良好的赡养。

5. 如果他们是海员，在他们服务的商船上死在国外，或者因船只失事溺死，或者因被俘死于奴役，他们的妻子在寡居期间将领得一笔年金。

6. 如果他们是生意人并且缴付过教区济贫税，万一他们由于营业凋敝和失败破了产，因欠债被投入监狱，他们将领得一笔年金，作为他们在监禁期间的生活费。

7. 如果因病或意外，他们暂时陷于极端穷困的境地，在向年金局陈明真实情况以后，该局将依照理事们斟酌的情况对他施予救济。

要注意的是，按第四条的规定，因疾病和年老而不能工作，穷困无以自给的人应该住进济贫院得到生活赡养，而在第三条中，丧失四肢等或失明的则由该局发给年金。

这种差别待遇的理由是：一个失去手、半截腿或一条腿或失明的贫苦男女，他们的残废有目共睹，我们不会受骗，而其他身体衰弱的情况，我们却不那么容易判断，如果不区别对待，谁都会要求发给年金；实行区别对待，除了那些真正走投无路的人以外，很少会有人愿意进济贫院。

为了使这项计划能够执行得非常周到和公平，而无负于它这样堂皇的外貌，我提出下列几项把它付诸实行的办法：

第一，我建议成立一个负责斯塔普尼和怀特却普两大教区的总局；我在后面将谈到某些强迫一切人都在该局保险并缴付费用的方法，所以请允许我在此假定这两个大教区的全体居民（我指的是比较卑微的劳动阶层）都将报名，据我估计他们的人数至少有十万人。

首先，指定上述教区的十五位著名的居民（暂时包括教会执事、所有居住在上述教区以内的治安推事和驻留牧师在内）为该局理事。

上述十五人暂时先由伦敦市长提名，其余空额最迟在十天内由已经被提名的理事以多数票推出。

这十五人选出一个十一人委员会，该委员会每周开会两次，开会必需的最低法定人数为三人，委员会设正、副理事及会计员各一人。

年金局设书记一人，下属办事员数人，另有登记员一人、办事员二人、调查员四人、信差一人——领取薪金，每日上班——医师一人、外科医生一人、视察员四人。

济贫院设房屋管理人、膳食员各一人、看护员数人、门房一人、牧师一人，人员多寡可以根据收容的人数而酌量增减。

为了维持这个年金局，并使存款只由其救济对象领取或用在他们的身上，使这笔钱不致变成上述职员的薪金，使这项事业的主要目的不致变成从中领薪（就像许多计划曾经出现过的现象一样），为此，我提议由前面提过的经理或承包人担任书记，可以允许他有一个职员，他的职责是保存登记册、管理登记、发出有理事们盖章和他本人签字的证照、经常登收每个保险者缴纳的季费。为了防止欺骗或纵容作弊并且不使上述书记掌权过重，每个保险者都把缴纳的季费投入一只大箱子里，这只箱子用十一把锁锁牢，委员会的委员各执一把钥匙，这样只有在全体都到场时钱箱才能打开，保险者每次缴月费的时候，书记将发给他一张盖章的证照，用以代替该季度已经缴纳季费的收据，其形式如下：

1796 年圣诞节

注释：每个保险者之所以要领取一张季费收条或证照，是因为必须使下列规定成为该局的常规：如果任何保险者没有按时缴纳季费，他们在缴纳加倍款项以前不能提出任何申请，或者在该季度不能提出申请，而不管他们遭到了什么意外。

书记应该有权在发出登记券时每张收费二便士、发出季费收据时每张收费一便士，以供下列开支：

三分之一作为薪金归他所有，他应由该款中拨一部分支付他的三名办事员；

三分之一归办事员和他们当中的其他职员所有；

另外三分之一用以应付该局的日常费用。

按此计算：

十万名保险者每季缴纳一便士，共合 1,666 镑 3 先令 4 便士；

三分之一归书记和三名办事员所有，计（每年）555 镑 7 先令 9 便士；

三分之一用以支付

	镑
登记员一人 ……………………………………………	100
办事员一人 ……………………………………………	50
调查员四人 ……………………………………………	100

医师一人 ……	100
外科医生一人 ……	100
视察员四人 ……	100
	550

三分之一作为日常办公费，如：

十位委员每周开会两次，每次领津贴五先令，共合 ……	260 镑
委员会雇用办事员一人 ……	50 镑
信差一人 ……	40 镑
年金局养马一匹 ……	40 镑
济贫院用房一所 ……	100 镑
临时费 ……	70 镑 15 先令 7 便士
	560 镑 15 先令 7 便士
	共合 1,666 镑 3 先令 4 便士

一切费用都可以依靠每季缴纳一先令这样微乎其微的款项来支付；第二步考虑是考查这笔保险费的收入究竟会有多少，而早晚需要动用它的要求又是哪些。

如果十万人加入保险，每人在登记时从他们的收入中拿出六便士，共合 ……	2,500 镑	0	0
第一年缴纳的款额，每人每季一先令，这笔存款共达 ……	20,000	0	0
必须假定加入登记的不会在三个月以内完全结束，所以，季费只能从登记额满或截止之日起开始征收；从那时起，一年以后才能提出任何要求；我以为分作几次征收的钱在第一年不会生息，只有两千五百镑的那一笔可以在某种良好基金的基础上按七厘利率贷给国王，所以，第一年只能生息 ……	175	0	0
第二年的季费由于有一千人要求救济而减少为 ……	19,800	0	0
第一年存款如上所述按七厘利率贷给国王，在第二年末的利息 ……	1,774	10	0

第三年的季费由于有人要求救济而减少为…… 19,400 0 0

以前现金至第三年末的利息 …………………… 3,284 8 0

三年总收入 ……………………………… 66,933 镑 18 先令 0

附注:假如他们高兴,谁都可以在每季缴二先令至五先令,他们日后得到的救济也将随之按比例增加。

由于偶然性在这方面起的作用很大,所以,很难具体指出这笔钱将怎样开支;不过,利用政治算术,可以作一番大概的推测。

要注意的是,在我的建议中,按第三、五、六条规定要求救济的人领取的年金数目如下:凡每季缴一先令的每周得领年金十二便士,其比例就是这样;所有按季缴纳的钱,每十二便士将使纳款者在需要领取年金的时候,每周获得一先令,缴几份十二便士就得到几先令。

第一年不允许任何人要求救济;所以,银行的全部存款为两万两千五百镑。我们将以此为基础来考虑要求救济者的数目。

威廉·配第爵士在他的《政治算术》中认为:全部人口中的年死亡率不超过 1/40;我完全不认为我们这里要求救济的事故会和人口的死亡一样频繁,其理由如下:

1. 我们所保险的人全是成年人,而且,都正当壮年,既已度过容易夭折的幼年时期,也没有进入风烛残年的阶段。威廉爵士的统计包括儿童和老人在内,这些人往往在死亡统计表中占 1/3。

2. 我们这里在头几年要求救济的数目不会多,这笔钱只要能够像头三年计算的数字那样,一直增长十年,它就几乎足以维持全部要求救济的人。

3. 假定意外事故和贫困是我们的借方,而健康、兴旺和死亡则是账上的贷方,无论怎样推算,具有后面三种情况的人将占全部人数的 3/4。说明如下:假定每年的死亡率为 1/40(这一点毫无疑问,只会多不会少),那就是每年死亡二千五百人,二十年合计五万人。我希望我可以假定在其余的人中有 1/3 的人不具备要求救济的条件,显然,他们的生活可以不依靠施舍的帮助,另有 1/3 的人体格健壮能够劳动。这些数字加在一起共计八万三千三百三十二人,所以,在头二十年中只有一万六千六百六十八人要求施舍和领取年金,其中,有一半,按照威廉·配第的说法,将在二十年内要死于我们的手中,所以,最后剩下的只有八千三百三十四人了。

然而,为了使情况确凿无疑,在推测的比例之外,我愿意假定它们可能发生的情况是这样:

我们要注意,在第一年谁也不得要求救济,到第二年,数目一定很少,不过,此后却日益增加;所以,我假设:

在第二年要求救济的人将占 1/500,也就是二百人,因此,需要救济费 ……	500 磅	0	0
第三年提出要求的人为 1/100,即一千人,需要救济费 ……	2,500	0	0
加上以前的二百人 ……	500		
	3,000 磅		

我们继续计算下去:

我们发现在第三年末的本钱是 ……	66,933 磅	18 先令	0
第四年的季费和以前一样,减少为 ……	19,000	0	0
本钱的利息 ……	4,882	17	6
第五年的季费 ……	18,600	0	0
本钱的利息 ……	6,473	0	0
	共 115,879	15	6
救济费 ……	3,000 磅	0	0
第四年有二千名要求救济的 ……	5,000	0	0
继续开支的原来费用 ……	3,000	0	0

第五年有二千名要求救济的 …………………… 5,000 0 0
继续开支的原来费用………………………… 11,000 0 0
共 27,000 镑 0 0

通过这样计算，头五年的本钱比费用增多了八万八千八百七十九[①]镑十五先令六便士，然而，在这里的账上两方还有许多情况需要考虑，这些情况势必增加了本钱，减少了救济费。

首先，在这五年期间有六千二百人要求救济，在以上计算本钱时即已因此打了折扣，但是，我们也可以假定新加入的人将补足亏额，其数目在五年内共达 ………………………… 3,400 镑 0 0
他们缴纳的六便士合计 ………………………… 155 0 0
3,555 镑 0 0

再加上一十一万五千八百七十九镑十五先令六便士，于是，本钱合计 ………… 119,434 镑 15 先令 6 便士
六千二百名要求救济的肯定都是年老体弱的人，我想，根据最低的估计，他们在五年内也将死去五百人，假定不是逐年扣除，我们将省下四千镑费用 ……………………………………… 4,000 镑 0 0
这就使全部费用减少为 ………………… 23,000 镑 0 0

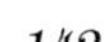

此外，在以前的计算中，我们完全假定季费是一直毫不生息地放到年底，这笔钱是一季一季地聚集起来的，假定把它也按季放出去(因为完全可以这样做)，它的利息按五年计算将达五千二百五十镑。

从第五年起，在可算的范围内，领取年金的人是如此之多，所以，我深信他们一个一个地死去而省下承包人负担的速率和他们提出要求救济的增长率一样快，只不过是每年所收的季费有些减

① 原书作 89,379，误。——译者

少而已，它的差额可用本钱的利息弥补。

例如：

第五年末手头的本钱为……………	94,629 镑	15 先令	6 便士
第六年的季费………………………………	20,000	0	0
本钱的利息 ………………………………	5,408	4	0
	120,037 镑	19 先令	6 便士
假定维持济贫院的费用比年金大，这笔超额费用每年为一万镑……………………	10,000	0	0
第六年的救济费……………………………	22,500	0	0
现金余额……………………………………	87,537	19	6
	120,037 镑	19 先令	6 便士

我们还应该看到，住在济贫院靠年金局养活的人将要做指定的工作，以便不使任何人饱食终日无所事事，这类工作将适合每个人的能力，要求并不苛刻，只不过对最勤勉的人给予某种奖赏而已。上述工作的收益归入济贫院的资本。

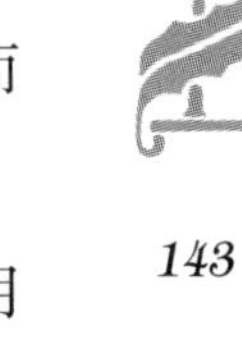

此外，除了固定的七厘利息以外，或许还可以想出许多种利用这笔资本谋取厚利的方法，因为财政部不一定经常借款，也许这笔利钱的来源不会永远稳妥可靠；然而，由可靠的人掌管的拥有八万镑资本的银行不会缺乏改善资本和谋求厚利的机会。

我不否认这项事业的费用因意外而发生变化的可能性，以致庞大的救济要求超过了我所提出的比例；不过，即使发生了这种情况，或者费用再多一些，据计算，专供它开支的上述八万镑资本也足够使用。

这笔账是按照巨大的保险人数计算的，或许还可以允许更多的人加入；关于这方面的问题，我想无论人数多寡，比例也许都一样；即使有二十万人加入，这个比例也同样适用。我实在衷心希望一切人都有足够的见识,能够看到这项计划的益处,因切身利益而加入这项事业。然而,有些人还不如野兽有头脑,在年老以前不愿意做好防老的准备;对付这种人,也许可以由当局采取两种强迫措施:

1.教会执事和治安推事应该派遣教区管事陪同该局职员到教区较穷的居民家里去,告诉他们:现在给他们想出的免于老年因贫困受罪的办法是如此的体面,如果他们不肯为防备日后的贫困从收入中省下这样小的一笔钱而拒绝加入保险,此后教区对他们将不予救济。

2.各教区的教会执事可以拒绝未加入该局保险的个人和家庭迁入他们的教区。

3.应该公开要求任何人不得向乞丐施舍任何东西,这样一来,所有的一般乞丐在一定时间后都会被清除,从而将有效地最终杜绝行乞现象。

为了促使教区为这项计划出力,济贫院理事应该向教区保证以后不会再让教区花钱救济任何人,这一定能使各教区都努力让教区内一切比较卑微的劳动者完全加入保险;因为这种办法必使教区到时候将完全摆脱教区内所有的贫民。

我知道,根据法律,任何教区都不得拒绝救济任何陷于贫困的个人或家庭,看来,向这种人说教区将不救济他们乃是一种徒费唇舌的威吓;然而,教区却能做到这种程度,使这种人在大家眼里成了没有资格享受救济的人,并且得到相应的冷遇;说真的,一个人只要每月省下两壶啤酒钱就可以预防穷困,可是,他连这笔钱都舍不得省下来,等到他受穷罪的时候,谁还会可怜他呢?

至于我算的这本账，我并不依靠它，我只是说：只要情况可能是这样的，十万人参加保险，在五年以后，除了付清一切费用以外还净余现金八万七千五百三十七镑十九先令六便士，我盼望每个人都想一想，有这样的一大笔钱什么事情不能够做？例如，它可以用普通彩票（现在每张彩票售价六镑）的形式投资，每张年息一镑，十五年后每一千镑投资即可收回两千五百镑，在这一期间并不会耽误用钱，所以，和现钱一样有用；或者投资于改善租金，例如，地租会随着房屋的兴建而上涨，所以，到时候一定会有这样的一笔收入到手，即使保险的人有三分之一要求救济，它也足以养活得了这样多的人。

我盼望大家想一想我国的现状，然后告诉我：假使全英格兰的人，不论贫富老幼，每人每年都向一个公共银行缴纳四先令，同时，这四先令如果能够得到适当的和诚实的管理（不论是一个个死了的人，或者是从不需要救济的人所缴款项的余额都在内），这笔钱岂不是就可能养活了所有的穷苦无助的人，因而永远消除了王国中的行乞和贫困现象了吗？

关于赌押

现在，以保险单为契据来经营的赌押，已经形成一门保险行业；早先，更确切地说，它是赌博中的一种，而且，如它所应得的那样很遭人蔑视，在许多方面都带有欺骗的性质。然而，战争却带来了许多可供赌押的事物，例如，未卜胜败的攻城、战役、战斗和条约等等，这就使赌押声名鹊起，有人特意为之成立了专门的营业所，使这门生意兴隆到惊人的程度，大大捞了一把，尤其是开营业所的人更发了财，所以，据人们估算，关于二次围攻里末利克[①]的赌押，胜败两方押的赌注不下于二十万镑。

这门行当是怎么经营的？它通过什么诡计和伎俩得以变成一门行业的，人们为什么糊涂到迷恋于这种玩意？阐明这些问题并不是一件难事。

据我看来，爱好新奇是推动它风行的第一副车轮，我毋需讨论这种新奇玩意的魔力。赌押是一种崭新的东西，至少在伦敦交易所里是这样；有几个人曾以詹姆斯国王[②]能否复辟成功来打赌，结果被政府抓住这个机会，按照他们的罪过给了他们应得的惩处。于是，这类赌押便第一次在公共话题中占据了一席之地。

我曾听詹姆斯国王时代的一个书商说过："如果你想让一本书畅销，顶好让它给公共刽子手当众焚烧一次。"无疑，这个人把利润看得比名誉还重，然而，一般人却最喜欢干那些似乎是违法的事，所以这门行业看来恰恰因为被人看作是非法的而得以风行。

这门行业越来越兴隆了，先是在交易所里，然后蔓延到咖啡馆，它成长了，直到商业界的蠹贼——掮客们掌握了它以后，专门经营赌押的特殊营业所便纷纷成立，而且，这些场所天天门庭若市，应接不暇。

这些营业所问世的时间并不长，但是，就和"马车夫聚集所"或者城里的任何赌馆一样，挤满了骗子和囮子，在那里，有的人专门

---

① 里末利克是爱尔兰的城市，1688 年英国资产阶级迎立威廉第三为王，该城为废王詹姆斯二世的最后一个据点，于 1691 年为英军所占，爱尔兰遂为英国征服。——译者

② 指詹姆斯二世。——译者

装出一副有经济信用的模样，让开营业所的人真把他当成有经济信用的人，他尽管连一个四便士的角子都还不起，然而，一借却是若干基尼[1]，并在保险单上签字，直到他在打赌时以很大的让步为条件而取得三四百镑现金，于是，他就不惜冒险一试了。如果赢了，他便发了财；如果输了，倒使只输了这么多钱的他比以往更好，因为你想讨债么，他便在法学协会或衙门里恭候着您的大驾哩。

但是，除了这些交易界的小偷以外，还有一种万无一失地赢钱的法门，这种方法运用起来显得比较诚实，可是一点也少不了要手腕，赌徒和营业所老板串通一气，可以用这种方法下大注，并做出很大的让步，往往仍能稳操胜算。

譬如，法兰德斯或其他地方有一座城市在战争中被围攻；或许，在围攻的初期城防很巩固，有解围的可能，大多数人都认为这座城一定能坚守多少多少天，甚至压根儿就不会失陷。假设某个赌徒有两三个同党，营业所老板往往是其中之一。这伙人针对认为该城会陷落的说法，力保它能够坚守若干若干时日，在做出很大让步的条件下同人打赌。这种手法继续卖弄一星期左右，随即一反其道，他们虽然表面上依然坚持原来的看法，而营业所老板暗地里却想法把别人附和他们说城市不会陷落而做出让步的挑赌完全承应下来；这样一来，他们起初做出的让步就轻易地得到了保障，而这种看法在一般人当中却传播开了，人们纷纷以该城不会陷落

① 1663至1813年间英国发行的一种金币的名称，一基尼等于二十一先令。——译者

来打赌。于是，他们想法把为此做出让步的一切挑赌通通接受下来，而他们自己表面上仍然做出让步的挑赌，签下保险单，可是这样打赌的双方往往都是同伙人，直到他们承应下来的赌注一倍于自己开初下的赌注为止。此后，他们立刻又倒向另一边，而以该城非陷落不可来挑赌，直到起初所做的全部让步都抵消为止；通过这种手法，如果该城陷落了，他们就能赢得两三千镑左右，如果该城守法了，他们也不是输家。

经验告诉我们，十座城就有九座是被顺利进占的，而不是被硬攻下的。战争的技艺已经如此进步，我们的将军们又是如此谨慎，所以一支军队除非完全有把握能够持久围城以外，很少围攻一座城池，而一座城如无外援也很少能够守得住。

假使我说城市不会陷落，先以五百镑对二百镑和某甲打赌，这样就骗得某乙和我以五千镑对两千镑做同样的打赌；然后，我再低估围城的风声，造成一对一打赌的局面，我以两千镑和某丙打赌城市不会陷落；显然，用这种方法的结果不外乎是：

如果城市没有陷落，则我赢两千二百镑，输两千镑；

如果城市陷落了，则我赢五千镑，输两千五百镑。

这是一种有一定法门的赌博，有这么一手花招准会稳操左券，因为无论任何个人或者一伙人都能够运用手段改变赌注的让步多寡，从那些只勇于冒险而无机智的人的口袋里掏出钱来。

关于白痴

在一切让我们怜悯的人中，我最同情的是那些上帝愿意赋予他们以健全的体格、充沛的精力，然而，他们却被剥夺了自觉行动的理智这样的人。据我看来，如果有人嘲笑那丧失了理智的人，对他们的智力来说，这将是最大的耻辱之一。因此，我以为被我们叫做贝德拉姆[①]的那座医院是一项用捐款创办的高贵的事业，它具体地表明了我们的祖先对于人所能遭到的最大不幸深有体察。人之所以异于禽兽者在于有灵魂而已，所以，灵魂一旦死亡（因为就行动来说，灵魂确是死亡了），人兽之间也就没有什么不同了。不过，从来没有过灵魂和先有灵魂后来失去了在效果上是同义语，因此，我很奇怪为什么居然发生了这样的情况：在那座医院里，他们并没有为那些生来就没有理智，被我们叫做呆子，或者更确切地叫做白痴的人而开辟出收容的地方。

在英格兰，我们对于白痴这个字眼抱着最大的轻蔑，我想，这是一种奇怪的错误，因为他们尽管对国家没有用处，而他们之所以如此，却完全直接出自天意，他们事先并没有过失。

我想，在这个非常聪敏的当代，照顾这些白痴倒是非常适当的，也许，他们是我们大家的创造者留给人类大家庭的一项地租，就像是一个虽然没有得到遗产、父亲却希望继承人能够对他加以照顾的小兄弟一样。

如果有人问我谁应该专门担当这项任务，一般地说，我以为这项使命应该由那些天资特别聪敏的人担当；我并不打算对任何人的头脑抽税，也不希望因指定聪敏人照料白痴而叫人别学聪敏，但是，我们对上帝使某些人天资过人的这种恩宠理应献上表示感谢的贡物，而谁还会比因缺乏同样的天赋而受苦的人更适于接受这

① 1247年成立的一座疯人院。——译者

样的贡物呢？

为了养活这些人，使天生的缺陷不致暴露在外面，我建议：

由公共当局，或者由城市，或者由议会通过法案成立一座精神病院，凡是天生的呆子或白痴都由该院一视同仁地予以收容和养活。

为了维持这座病院，由议会一项法案批准征收一小笔定额的捐税，这笔捐税对纳税人不会造成任何的危害，通过对学术活动征收一笔由书籍作者缴纳的税款，便可以很容易筹齐这笔钱。

	镑	先令	
每册以对开本付印的书在40页及40页以上的，在注册(以便全部付印)时缴纳……	5	0	0
每册在40页以下的……	2	0	0
四开本每册……	1	0	0
八开本每册在10页和以上的……	1	0	0
八开本每册在10页以下和每册12页装的……	0	10	0
每一装订成册的小册子……	0	2	0

再版书税率相同

这笔税交给伦敦市议会，征收二十年后，必将筹足兴建和购买这座病院一切房屋设备的基金。

我以为像这样的一小笔捐税只须在印刷厂或图书检查官这几处地方征收，因此，征收时的花费一定很少，在这二十年间每年可以收入一千五百镑，这就可以把这项事业维持到下列程度。

病院的房屋应该简朴，只要过得去就行了(因为我认为慈善机构的建筑不需要或不适于富丽堂皇)，为了便于享受新鲜空气，院址应该设在城外。

房屋兴建费约需一千镑，如果收入特别增多，充其量也不会超过二千镑，薪金的比例不高不低。

院　内

管事一人	年薪 30 镑
伙食承办人一人	20
厨师一人	20
炊事一人	20
协助厨师和清扫病院的女佣六人，每人年薪四镑	24
照顾病人的看护六人，每人年薪三镑	18
牧师一名	20
	152 镑
一百名受济人，每人伙食等费每年需八镑	每年 800 镑
	每年 952 镑
款待职员、受济人的各种意外和衣服以及火灾损失等，共计	每年 500 镑

另设查账员一人，一个理事委员会及办事员二人

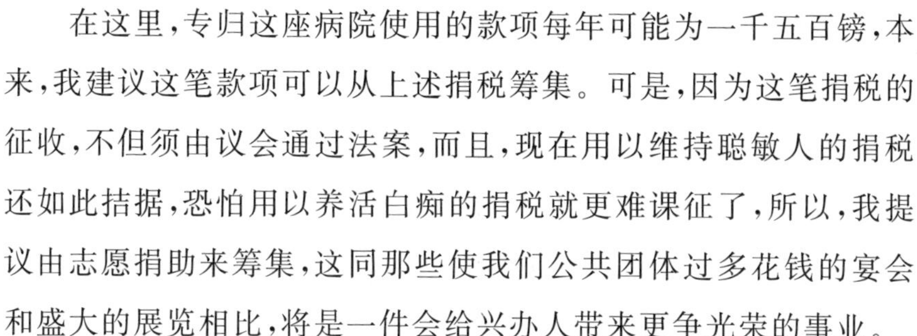

在这里，专归这座病院使用的款项每年可能为一千五百镑，本来，我建议这笔款项可以从上述捐税筹集。可是，因为这笔捐税的征收，不但须由议会通过法案，而且，现在用以维持聪敏人的捐税还如此拮据，恐怕用以养活白痴的捐税就更难课征了，所以，我提议由志愿捐助来筹集，这同那些使我们公共团体过多花钱的宴会和盛大的展览相比，将是一件会给兴办人带来更争光荣的事业。

不过，为了撇开所有这些易想难行的空念头，我建议利用我们自己的愚蠢来养活白痴。由于彩票已经吸引了巨额的金钱，所以，按照下列建议去做，我们的事业一定很容易完成。

慈善彩票

由市长和市议会法庭批准，发行一种彩票，彩票总额为十万张，每张售价二十先令，届时就和普通彩票抽签开彩的情况一样，

慈善彩票也用当众抽签的办法开彩，凡是买彩票的人都得不到任何津贴，但是能够碰碰运气；投入的十万镑将不折不扣地完全分发给中彩人，同时，这样做还带来了双重好处：

1. 可以立刻筹到十万镑的一笔钱，交由财政部用于公众事业。

2. 可以得到两万镑以上的一笔钱，交由知名的理事保管，用于养活穷人的慈善事业。

钱一收到后，立刻以某种良好的基金（假定有适合的基金）或者以财政部的信用为基础贷给财政部，当抽签开彩以后，幸运的中彩人将从财政部领得四年内付清的两联票据或证券。

财政部收下这笔钱，在开彩后按得彩金额发给四年内全部付清的证券，这笔钱的四年利息在证券上按时间长短算定，作为兴办我所提议的这项事业的利润交给理事。

因此，幸运的中彩人对四年付清的奖金就享有直接所有权，但是，这笔钱的四年利息的直接所有权，并不为他所享有，而是归于病院，利率按六厘计算，每年为六千镑。

如果中彩人有不愿意耽搁领取奖金时间的，可以采取这种解决办法：谁要是不愿意等待领足奖金的时间，可以根据八厘贴现率按四年计算立刻领取现款。

我想，这个例子可以告诉大家，如果彩票不由私人乱搞的话，它将可以做出什么事情；然而，现在那些发行彩票的人由于诈财骗钱和经营不善，把彩票弄得声名狼藉，因此，他们自己既不能得利，也不能使任何有益的和漂亮的计划成功。

我想，其实下面这几句话是不必要提的：像这样的一个建议理应得到公众嘉许，由众所公认的诚实的和有身份的人着手实行，以便不使别人有怀疑它为牟取私利的余地。

如果这一建议或任何类似的建议筹款成功，我希望能够按照需要以较多或较少的收入兴建如上所述的房屋，接收受济人应该一视同仁，不过，主要接收的应该是真正贫苦的和无依无靠的人；凡是已由教区募捐养活的白痴，被收容后，原教区应该为他们每年缴纳四十先令生活费，这笔钱本来就是完全用来赡养他们的，我想，任何教区都不会不缴付。

我毫不怀疑，如果在离城一二里路建立起这样的一座病院以后，准会发生一种不容忽视的情况，即：最喜欢在野外闲逛的一般老百姓一定会常常逛到病院来，以看看那里的病人为消遣，从他人的痛苦中寻求自己所谓的“开心”，就像目前贝德拉姆所发生的那种可耻的情况一样。

为了防止这种情况，使理应受到怜悯而不该遭到轻蔑的疾病不至于因慈善反而更易受人嘲弄，应该采取下列措施：病院附近的治安由病院管事负责，他有权通过罚款或其他措施惩罚任何企图侮辱可怜的白痴或者以他们的病况来寻欢取乐的人。

如果有读者竟然鲁莽到问我为什么要在一座白痴病院里安插一位牧师，我可以理直气壮地告诉他：这是为了其他的人如病院里的职员和杂役等着想。

但是，另外还有一个理由。尽管方式不同，白痴和恶棍都不能从宗教中得到任何好处（除了他们由于被潜移默化而变得驯良），既然如此，请问为什么不能像给恶棍请牧师一样给白痴请一个牧师呢？正如同神秘的力量能够使恶棍改邪归正一样，同一的神秘力量也能让白痴恢复理性，既然如此，请问为什么不能请一个牧师呢？在原始基督教会中，诚然不准白痴领圣餐，但是，我从来没有在书上看过不许为他们祷告或者不准他们听祷告的例子。

如果我们承认任何宗教和一个最高的神力对人（这些人一定比我们谈到的没有心灵的白痴要坏）的心灵有潜移默化的影响，同时，我们就必须承认那种神力能够使一个白痴恢复理性，而我们有责任为此采取适当的措施来祈求上帝，至于成功与否只能留待不移的天命来决定了。

上帝的睿智并不是没有给我们留下先例，世上有些生来就最愚钝的白痴后来居然恢复了理性，或者如人们会认为的那样，在度过长期的白痴生活以后被灌输了理性——上帝之所以这样做，除了其他智慧的目的以外，也许，目的之一就是要反驳那种认为白痴没有灵魂的谰言。

关于破产者

本章有某种权利紧放在关于白痴那一章的后面，因为按照近来的普遍看法，一切倒霉的人都是傻瓜；此外，我以为最受愚弄的人也莫过于破产者了。

如果容许我非常放肆地议论几句我们的法律，我认为我国的法律一般是优良的，尤其重要的是它寓有仁慈、宽大和自由的精神，然而，对待破产者的办法却未免失之残忍。它使债权人可以恣意泄愤和报复，同时有权申雪自己，而不让债务人有任何表白自己诚实的余地。它无所不用其极地把债务人逼得走投无路，不能鼓励他重整旗鼓、勤勉工作，因为这种法律使他除了挨饿以外，完全不能再干别的。

这种法律，特别由于它现在一直还被执行着，完全倾向于毁灭债务人，而对债权人却也很少益处。

对待债务人的各种严厉措施不仅不合理，而且(假如我可以这样说的话)，有点不人道，因为这样做一方面立刻剥夺了他的一切所有，另方面，使他日后永不能通过勤勉工作有益于他自己或者接济他的家庭，即使他幸免于缧绁之忧，将来也很难有再起之日。如果他一贫如洗，他不死于饥饿，也必靠施舍为生。如果他去工作，又有谁敢给他工资，除非他保证把工资再交给债权人。如果他有一点点作为生活费留下来的私产，他连这笔钱都无处存藏，因为谁都必然是贼，会从他的手上把钱抢去。如果他把这笔钱托朋友保管，他要是能把钱取回来那真算是朋友对他恩施格外了，因为那个朋友是要为此负责的。我知道一个可怜的人被破产法逼得山穷水尽，以致仅仅剩下了一小笔钱。他不知道把这笔钱藏到那儿好，最后，为了不使自己饿死，他把钱交给了养着他的兄弟。收到他的钱以后那个兄弟便和他争吵，要把他赶出去，当他向兄弟索还钱的时候，那个兄弟就这样的回答他："我不敢放心地把钱给你，因为你犯法了。"那个可怜的人被逼得走投无路，终究不免于自杀。一个人因生意不顺手变穷了，他部分地偿还了债款后，另起炉灶再干，结果景况又变得好转，这是司空见惯的了。然而，我们这种所谓的法律却对债务者永远关起了新生的大门，好像破产是一项如此可恶的滔天大罪，以致破产者理应永被摒弃于人类社会之外，受到比死还难受的种种折磨。而且，我们很容易看清楚所有这些对待债务人的残酷措施(一般地说)，远没有使债权人受益，这种办法糟蹋了产业，使它因各种靡费而日趋减少，而且，除非和债务人和衷共济，

很少能分得什么可观的实惠。我敢说，法律一味从严不会造成任何好处，而用比较宽厚的方法却能得到双倍的利益。尽管我不想为我国的立法者开处方，可是，请原谅我通过这篇短论说出我对这道法律的执行方法、后果和补救办法的看法和经验。

凡是能够对通过这道法令的当时情况稍有记忆的人都知道：这道法令所针对的邪恶现象当时十分流行，宣布破产以欺骗债权人已经成了一门行业，所以，国会完全有理由用严刑峻法来对付他们；我对这道法令的创制者丝毫不想非难，没有疑问，他们看到了当时有必要这样做。不过，尽管法律本身是公正的，而它的公正程度却必取决于它是不是合乎时宜和适应于它所防范的邪恶的环境和时间，所以（我唐突地以为），同一权威值得考察一下：

1.自从该法案通过直到目前这一期间，是不是已使债权人有机会：

一、通过各种诡计和手段逃脱了法案的威力，避开它的锋芒，因而使法案的力量碰不到他的财产？

二、使该法案的矛头转过来指向它原欲救济的对象？因为我们现在时常看到破产者乞灵于各种法令，从许多法令中断章取义以攻击法令本身。

2.有些人不仅是债权人，而且，十分狠毒，他们借控告违反该法令的人以泄私愤，把别人逼得倾家荡产；这道法令的非常手段是不是常常被这些人用到越过了法令本身的真实意图呢？

如果这两个问题得到证实，我就可以由此断定：这项法令现在已经成了我国公众的怨府；我相信，创制这项法令的同一权威早晚总会把它撤销。

1.时间和经验已经使债务人把握了各式各样的方法和手段，因而得以逍遥于这一法令的威力之外，使该项法令奈何不得他们的财产；结果，法令变成了具文，它所专门惩办的对象——恶棍们都逃之夭夭了；同时，该项法令严厉惩办的，仅仅是一些纯粹因被迫而破产的人，他们因为做人诚实，不屑于弄奸作假。从现在的世道看来，一个人要想把自己的财产安排得使法律的力量对它无可奈何或者至少影响很小，真是一件再容易不过的事。

如果破产的是一个商人，没有任何法律能够伸展到他放在海外的财产上，所以，除了几本账簿以外，他没有什么可丢失的东西，只要向弗莱尔斯区里一溜便万事大吉。如果破产的是一个店主，他便稍为麻烦一些；然而，这个问题也容易解决，他可以雇用一些专干这一行的人（以及车辆），他们能够在一夜之间把城里仓库中的大部分货物，或者某一地窖中的酒搬运一空，送到明特区或弗莱尔斯区这类流氓窝里去。我们的巡警和更夫素来是公认的夜间地方长官，他们如果见到一个鬼鬼祟祟的小毛贼一定不会放过，虽然这个可怜的小贼也许只偷了一捆价值五先令的旧衣服；然而，他们对这些搬运者却熟视无睹，把他们全都放过，眼瞧着一百个正派人的财产被抢个精光，使国家的司法蒙受了永难洗净的耻辱。

让我们听一听那些贼窟里的居民是怎样议论的吧，当贼窟里来了一个新人的时候，他们便一窝蜂围上去慰问他，因为并非所有新进贼窟的人都会立刻变得同样冷酷。让我们听一听吧！“好啦，”这时第一个人开口说：“住下吧，甭着急；你大概已经带出一大批值钱的东西了吧；你用不着对世上什么东西都看重。”“啊！要是我这样做了的话，”另一个人说，“那我可要把我的债主们都嘲弄遍啦。”“对!”这门硬心肠的行业中的新手说道,“不过,我的债主们怎么办呢?”“去他妈的债主!”第三个人说,“管他呢! 我就知道某某人和某某人他们自己也欠别人债,他们也不肯和债主们和解;你看看他们在这里过的日子活像绅士一样,他们才不管他妈的什么债主呢。告诉你的债主说,你愿意每镑债还半个五先令银币,余下的用旧债来抵;如果他们不答应,那就听他们去! 他们会来找你的,一点不要怕!”“不过,就不管法律了吗?”他又说。“嗨,什么法律不法律!”明特区的老客大喊道。“哈,哈,我们就靠法律吃饭呢!”他们说:“唉,幸亏这些法律,要不债主就会让步,欠债的就得还上一部分钱,那我们住在明特区的这伙老实人不是要挨饿了吗! 请问,你还用得着为法律操什么心? 你住在这里,一千道法律也落不到你头上。”这就是那些地区里的语言,新来的人很快就学会这种腔调了(因为我想我可以不冤枉任何人地说:我知道许多人刚参加他们那一伙的时候都是些老实人,也就是说,不会要滑头,可是,我从来没有见过哪一个出来的时候不变样)。然后,从这帮恶棍走出一个比较庄重的家伙(因为这里和地狱一样,魔鬼也要分等级的),和新来的人搭上腔,给他出了一条比较踏实的主意,这家伙说:“喂,先生,看见你戚戚悲悲的,我很关心;我的处境也和你一样,如果你愿意听的话,我倒可以尽力给你出条好主意”,于是,这场正经的谈话便开始了。

新来的人正在一筹莫展,怎肯不听,他就向说话的人道谢,于是,这家伙接着说下去:“把你的债主们请来告诉他们你每镑能还多少钱(无论如何也得留下一笔过得去的本钱,好以后再混饭吃),要是他们答应了,你便成了自由人,比你过去好过得多了;要是他们不答应，你知道最糟也不过是那么回事；你的地位比他们有利。如果他们不但不答应，还要和你打官司，那你只有以暴抗暴，因为人天生就得吃饭；既然法律这么野蛮，这么不公道，让人吃官司的摆布这么狠心，我看只要他们继续这样干下去，不问哪个欠债的也只能为保住自己着想。”这个老奸巨猾的坏蛋说，“债主们在委员会里花了你的家私，过后凭什么还要向你讨债？难道你欠那个法案委员会的钱吗？”“不，”他说，“那么，”这家伙说，“我敢担保他们由你的财产里已经花了二百镑，他们每天一定要拿十先令，好让你和你家里人饿死。我看不出我凭什么要讲这份良心，拿出钱来给别人乱糟蹋。如果我的债主们为了想抢走我的财产，在打官司上花了五百镑（其实他们不打官司我也愿意还给他们这个数目），那我就认为这五百镑是已经还给他们的了；让他们自己分去吧，因为破产者和别人一样，理应受到公平的待遇，如果法律不给我们公平，我们就自己动手。”

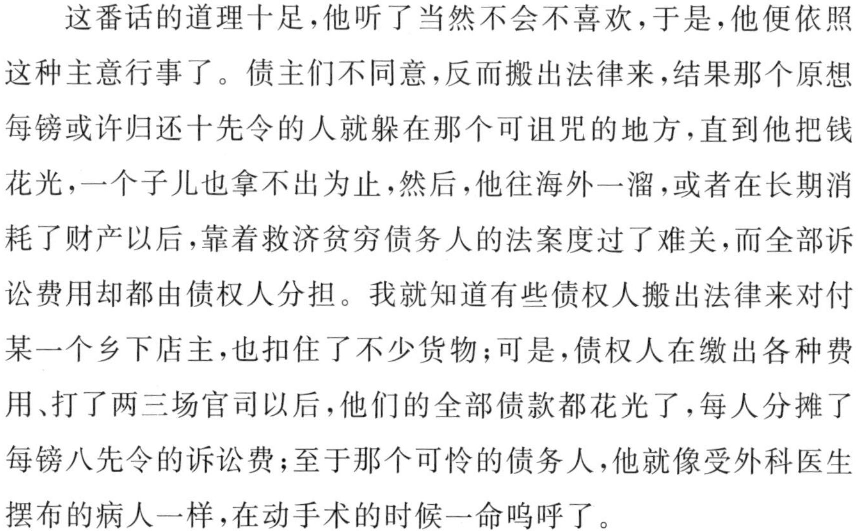

这番话的道理十足，他听了当然不会不喜欢，于是，他便依照这种主意行事了。债主们不同意，反而搬出法律来，结果那个原想每镑或许归还十先令的人就躲在那个可诅咒的地方，直到他把钱花光，一个子儿也拿不出为止，然后，他往海外一溜，或者在长期消耗了财产以后，靠着救济贫穷债务人的法案度过了难关，而全部诉讼费用却都由债权人分担。我就知道有些债权人搬出法律来对付某一个乡下店主，也扣住了不少货物；可是，债权人在缴出各种费用、打了两三场官司以后，他们的全部债款都花光了，每人分摊了每镑八先令的诉讼费；至于那个可怜的债务人，他就像受外科医生摆布的病人一样，在动手术的时候一命呜呼了。

2.时间和经验暴露出这项法案的另一个流弊是:债务人自己会和某一个特殊的债权人串通一气钻法律的空子,这是一种诈骗和阴谋的杰作;因为某个债权人或许会老老实实地按照一般做生意的方式接受了债务人的一大笔钱,这笔钱是偿付债务人在他还是一个有独立资格的公民时向他购买的货物的,债务人在此以前却已经和别人串好承认破产,这样一来,法律就会追回去把一个老实人的财产拿过来帮助一个流氓还债。或者,一个人用一批货物作抵押向人借了一笔钱,当钱一到手,法律却抢走了货物,用它来帮助债务人和各债权人和解。关于这些诡计,我可以说很多,因为我不止一次地身受过这种试验。我还可以更多地举出这类阴谋的各种方式,可是,我以为这项法令废除的必要性已经昭然若揭,不必证明,它对债务人和债权人双方都有害,主要是损害了为保护他们才创制这项法令的那些人。

另一个问题是:这项法令的非常手段是不是常常被用到逾越了法令本身的真正意图、以达到私人的泄愤和报复的邪恶目的呢?

我想起了一个人对这个问题的回答,他曾对好几个不能还清他的债务的人(其中,有些是他的近亲)提起过诉讼;当我有一次劝他不要控告一个同样也欠我债的人,我用这个理由说服他:“你知道这个人再没有什么东西可以拿出来还债了。”“一点不假,”他说,“这件事我清楚得很。”“那么,”我问他,“你为什么还要控告他呢?”“嘿,叫这小子吃点苦头,好让我痛快痛快,”他说。像这样一个人,他控告债务人并不是因为他欠债不还,而是借此来一泄私愤,我想我们的法律用不着特意地照顾这些人。

为了正确说明情况,本文将讨论四类人,问题的关键在于如何区分他们。

甲、诚实的债务人。这种人由于明显的需要、损失、疾病、生意萧条等等不得已而破产。

乙、无赖、奸猾或者懒惰、奢侈的债务人。这种人不是因奢华耗尽了财产,就是诚心为了蒙蔽和欺骗债权人而破产。

丙、温和的债权人。这种人只求索还自己的钱,可是,愿意通过合法的手段来达到目的,他们也肯听取公平合理的理由和建议。

丁、凶狠刻薄的债权人。这种人根本不管债务人是老实人还是恶棍,有能力还是没能力,他也不管人家拿得出拿不出,反正是要讨债,他没有什么同情和怜悯,满嘴恶言脏语,满肚子狠毒和报复心。

问题在于如何创制一项能适合所有这些人的法令。我们必须照顾第一类人,因为我们应该同情和怜悯不幸的人,体恤那些遭到谁都难保碰不上的危险——意外的灾难和贫穷的人;必须适当地惩办和压制第二类人,使邪恶和无赖的行径得不到法律的鼓励;也必须给第三类人以应有的照顾,尽可能地使一般人的财产得到保障;必须适当地限制第四类人,不使任何人拥有毁灭其同胞的生命和财产的无限权力。

按照拙见,这些目的可以通过下面的方法达到,我把这种方法名之为:

调查委员会

这个委员会应该暂时由市长和参议会法庭每年由本市各区选派若干人以及由大法官或掌玺大臣从四法学协会中选派若干人共

同组成之；委员会设主席、书记、会计员各一人，由委员互相推选，并每年提名一次；设审理有关债务证据的各种案件的法官一人；每区选出五十二个公民，其中，十二人为商人，每一法学协会选派律师（至少是能在高级法庭出庭的律师）二人。

这就成立了一个经国会法案批准和指定的破产产业调查委员会。委员会有权听取、审理和裁决有关债务证据的案件以及债务人和债权人之间银钱往来的争执；委员会做出判决后再不得上诉。

委员会办事处设在伦敦市会议厅，职员应该经常办公，委员会委员每日下午三时到六时开会，必须达到法定的最低人数方得开会。

凡是经济窘迫、生意无法继续的人都可以按照下列程序向委员会提出申请：

申请人先到书记办事处登记姓名，填写下列简短的申请书：

国王陛下的调查委员会主席和委员钧鉴：

兹有____地____教区杂货商某某谦卑地提出申请，其事由如下：

申请人由于遭受巨大损失与生意清淡，无法维持经营，甘愿完全无遗地交出本人的全部财产，并宣誓将其如数交给贵委员会，以便按照法律的指示偿还申请人的各债权人。为此，申请人于本月____日将姓名登入贵办事处表册，恳请贵委员会予以保护，

不胜感激之至……

书记把这张申请书交由各委员过目，委员们自当签准，然后，委员会将派职员一人立刻陪同申请人回家，验收他的房屋和各项财产，并由委员会委派的其他职员在他登记后开明申请人家中一

切物品的精确清单;依据该清单,第一个职员和破产者也将对其负责。

除非是国王的扣押令,上述职员在占有方面甚至可以撤销郡长的占有,不过,必须遵循下列规定:如果郡长通过正当的法律途径取得由法庭判决的执行票而占有了债务人财产,并无欺诈情况,而且,在债务人在办事处登记以前确已真正占有,在这种情况下,原告应领取双份摊付给他的应得债款,因为债务人于请求保护以前就让自己的财产受到强制处理,这是他自己的过失;但是,只根据承认判决取得的占有不在此例。

如果郡长为了直接归国王所有的债务依据扣押令获得占有,该官员应将其占有权转交上述委员会委员,他们将负责在债权人分得任何债款以前先全部扣清国王的债款。

在这种情况下,委员会的职员不向破产者收取任何费用,也不会用粗鄙蛮横的态度对待他的家属(这是目前容许郡长手下的官员做出的,最为臭名昭彰的侮辱),我知道这些人当一趟一趟地执行小部分查封的时候,债务人希望他们执行时有礼貌一些而不得不给他们小费,这些费用累计起来往往达到了债款的数目,可是,他们对债务人一家始终是抱着令人难堪的侮辱态度。

在上述职员获得占有以后,财产的搬走或不搬走,店铺的关闭或不关闭,完全根据破产者向委员们陈述的理由自行决定。

清单开出以后,破产者将有十四天或更多(如果有这种要求的话)的时日向委员们说明理由,算清账目和做出报告,然后,把他的一切账簿连同有关其全部财产(动产和不动产)的详实的报告书交给委员会,他将为这份报告书宣誓,并且,此后在委员们的要求下为报告书的任何细节宣誓。

委员们接到此项报告书以后，将有权向他的一切仆人或其他任何人进行调查，并要求其宣誓，如果发现他违背誓言隐匿了任何财物，将有权按后述规定惩罚他。

如果一次破产者真正完全而实在地交出了他的全部财产，按照该法案的真实意图，委员们将以现金或者他选中的自己的财产的形式，依据公正估定的价值，从交出的全部财产中抽出5%(镑)归还原主，同时，宣布他欠债权人的全部债务完全清除。

债务人的其余财产在债权人中进行公平分配，债权人应向委员们提出申请。委员们将对要求偿还的债务的性质和情况进行必要的调查，以防止有人为债务人的私利提出假的债务要求，为此，他们要让债权人按下列方式宣誓证明债务属实：

我，某某某郑重宣誓，并证明下述账目完全属实，各项陈述正确无欺，索账者确系账目的所有人，该账目中并不包括任何由立誓人或在立誓人的知悉、指使或同意下指定、隐匿或改变的人或名字；该____确实对立誓人本人专有的账目真正欠有该账目中提到的____全部款额，为了该项债款，债权人曾偿付过债务人以公平的价值(如该账目所表示)；立誓人未曾和上述——(或他的任何代理人)之间，或和其他任何人之间订有任何秘密契约、约定或协定，也不知悉任何此种情形。所语属实，神其鉴之！

立誓以后，如果没有发现这个人有可疑的情况，该债权人将对他应分得的债款拥有无可置疑的权利，而且，毋须耽搁就可以分到手，因而免去通常花在处理破产上的费用。因为：

1. 债务人的财产在债权人第一次相会时就可随他们的意见一

部分一部分地出售，或者按照债权的比例彼此均分。

2. 至于显著的债务，委员会将向债务人发出传票，限令他在一定的时间内缴还，同时，委员会书记把账目送交债权人，指定他们在合理的期间对该项账目表明同意或反对的态度。

每隔六个月，将在被确认的债权人之间进行一次公平的债款分配；如果债务人有财产在国外，破产者应该向委员会签交被认证的代理状，委员会据此和国外掌管这项财产的人通信，他便应该按照委员会的命令如数将款汇回；然后，和从前一样每六个月分款一次或者更多一些，时间由委员会根据具体情形决定。

如果有人认为破产者从这些规定中取得的好处太大了，那些根本不把起誓当作一回事的人有了欺骗债权人的机会，这就会过分地鼓励人宣告破产，那么，请他们考虑一下秘密的容易发现、隐匿的困难和违法者将受到的处分吧。

1. 我建议规定：凡能举发破产者隐匿的任何财产的人都可以领取30%的奖金。这将使我们经常容易发现破产者的花招。

2. 任何人如果为了债务人或其妻子儿女的利益、或者企图使他们能够留下一些钱，混在债权人当中要求领取债款，这笔款项并不是他理应真正得到的，而他并没有为这笔债务赋予过或支付过债务人以相等的价值，或者是他所索还的款额超过了他应得的数目；或者，如果有人在受托或者赠予契约的名义下，接受破产者任何部分的财产或其他产业旨在将它保存下来，以供债务人或其妻子儿女使用的人，或者企图将它隐匿起来不使债权人知道，当局将为这样的每一行为对他科以五百镑的罚金，并且，把他的名字作为骗子和不可为任何人所信任的人公布示众。这种措施将使破产者很难藏匿自己的财产。

3.破产者在登记和把财产交给委员会职员占有以后，他便不得从房屋中取走任何账簿；不过，在他按照规定结算账目的十四天内，每晚应将账簿交给该职员；如果委员们愿意，他们可以在第一天就把账簿取走，制成副本以后再还给破产者让他结账。

4.如果事实表明破产者做了虚伪的陈述，隐匿了他的财产或债务的任何一部分，违背了他的誓言，他将在自家门前被戴上颈手枷示众，并将被处以终身监禁，不准保释。

5.为了防止破产者在国外隐匿任何财产，应该规定：办事处把破产者的姓名登记以后，必须设法予以充分的公布，任何人都可以到该办公处免费打听这方面的情况；这样登记以后，破产者不得和任何人清账，如果有人敢于向上述破产者或他的汇单付给任何款项，他将依然是该项财产的债务人，必须再次向委员会缴付等量的款项。

如果当真制定这项法令，一定会借重比我更聪敏的人来制定，他们自然会有时间考虑出更多的方法来保障债权人的财产，并且（如果可能的话），把破产者的手束缚得更紧。

如果这个王国真能够实行这样一件德政，对我们现在所感到的、显然有害于我国商业的无数流弊来说，这项法令将是一剂立见功效的良药。

1.鄙人深信它一定会防止目前由于各种原因而产生的许多的破产者，因为：

甲、它将有效地消除一切别有用心的诈骗性的破产，许多老实人就是由于这种欺骗而破产的；

乙、它当然也会防止那些因为受这类诈骗而被迫破产的生意人一蹶不振。

2.它将有效地荡平那些贼窝和坏蛋的避难所——明特区、弗莱尔斯区、沙瓦依区、罗尔士区等等;其途径有二:

甲、有了一条比较安全、容易和更加体面的、摆脱窘境的出路以后,诚实的人就不再需要这些避难所了。

乙、不应该让恶棍们在这些地方找到藏身之所,因此,要通过下列各项措施来加强法纪,整肃这些地区(我特意把这些措施留到这个项目下讨论)。

既然这一调查委员会为每个老实的债务人大开方便之门,而提供的救济又是这样的巨大,所以,我们完全可以肯定:谁都不会拒绝接受这种恩典,不然,他准是居心诈骗债权人,因此,应该规定:

任何人,无论是商人或手艺人,如果破产或倒闭,关店或停止营业,而又不按照一镑还二十先令的做法、不折不扣、毫无亏损地还清或以财产偿付债权人的全部债务,或者不交出他们的全部账簿或货物,以便和债权人达成和解,偿还部分债款,或者不愿意如上所述向该办事处提出申请,这样的人将触犯重罪,并且,将被按重罪犯依法严惩,犯此罪行的人不得有任何牧师特权[①]。

任何这样的人如果躲到明特区、弗莱尔斯区或其他所谓的豁免区去避难,或者如上所述把他们的任何财产运到那里以赖债,则

① 按英国法律,牧师犯罪时有不受普通法院审判的特权,这在1827年已经废除。——译者

任何国王陛下的治安推事在接到告发后，将立刻向警察等发出搜捕状，搜索上述这种人及其财产，必要时，民兵队将协助搜索和查拿上述犯罪者及其财产，而债权人并须为此付出任何费用；凡是帮助搬运上述财产的或者明知故犯地接受上述财产或收容上述奸人的，也将按犯重罪论。

因为正如同贫穷的债务人理应是受到照顾的一部分国民一样，有意欺诈的破产者也是一种最可恶的窃贼。这似乎有点不公平：一个穷人仅仅由于衣食无着窃取了邻居一点儿鸡毛蒜皮的东西，就要被流放国外，有时候甚至被送往阴间，但是，有这么一类人，他们不讲公道，千方百计地抗拒法律，人们眼看着他们把自己的财产偷走，却找不到敢于对他们执行法律的一个官员。

听到异国人对我国法制在这方面的软弱无力如何滥肆毁谤和谴责，谁都会感到担心，在像我国这样文明的政治下，竟会有人对权威表现了世上有数的最令人惊异的轻蔑。

由于我比一般人多吃了这类手段的不少苦头，所以，我谈到这一问题的时候，情绪也许有些激昂，然而，我吁请全世界评断这样的情况是否公平：一种是强盗夜半破门而入，抢去了我的财产；另一种是一个好像信用良好的人跑来找我，提议中午就付给我现钱，买走了我五百镑的货物，把它由我的仓库里直接运进了明特区，第二天，反过来嘲笑我，使我奈何他不得，这两种抢劫究竟有什么差别？我却亲眼见过后一种情况，我以为后一种人应该被当成罪行更大的贼，完全理应被绞死，这是世界上最公平不过的事了。

我见过一个债权人带着妻子儿女哀求债务人把他自己的货物归还一部分，那家伙明明安排好要破产，却预先买了他一批货物。

我看到债权人淌着眼泪,苦苦哀求债务人把他自己的货物还给他,或者只还一部分,然而,却遭到那个蛮横霸道的破产者的嘲弄、辱骂和拒绝,结果那个可怜的人给骗得倾家荡产。许多老实人破产、许多家人挨饿而不得不沦为乞丐,这都是被这种讦诈祸害的。

通过上述调查委员会,所有这些弊端都可以有效地予以防止,贫穷而老实的生意人都可以免于毁灭,坏蛋们将难逃法网而被清查和惩办,什么明特、弗莱尔斯这类有特权的地区将被废除,而许多蛮横无礼的事情都将得以避免和杜绝;关于这些问题,我们还可以谈许多细节;不过,我以为这些讨论可能已经足够发人深省;至于方法问题,将留待我国的聪敏人去解决,他们比我更知道如何针对犯罪情形制定适当的法律。

关于学院

英格兰的学院比世界上其他任何地方,至少比非常看重学问的地方要少。然而,差强人意的是,我们拥有举世无双的、最大的(我不想说是最好的)两座神学院[①];在这里尽管可以就一般的大学和特殊的外国学院谈很多问题,不过,我却不想在看来我们似乎有缺陷的这方面饶舌。法国人正当地以他们建立了欧洲最著名的学院而自豪[②],这座学院的光辉成就在颇大的程度上应归功于法国国王的鼓励。学院的一位成员当加入的时候曾在演说中说过:"集全世界学术之大成于这座宏伟的学院之中,这不能不说是那位

① 指牛津大学和剑桥大学。——译者

② 法兰西学院创立于 1634 年。——译者

无敌君主的光荣。”

巴黎学院特有的研究项目一直是精练和修正他们自己的语言，他们的这项工作已经获得如此令人羡慕的成果，以致我们现在看到所有基督教国家的宫廷都操着法语，把它看成是通用的语言。

我曾荣幸地做过一个小小学会的会员，这个学会似乎企图在英格兰实现这样一种高尚的计划，可是，这项工作的规模很大而有关的绅士们又相当谦虚，他们因此放弃了这件规模似乎大到非私人所能举办的事业。的确，我们需要一个黎希留[①]来发起这样的一件工作；因为我相信只要在我国有这样一个领路的天才，绝不会缺乏聪敏才智之士，他们能够干出一番比之一切先例都毫无逊色的事业。和法语相比，英语同样完全值得这样的一个学会努力研究，而且，能够达到远远超过法语的完美程度。法国的学者承认，谈到表达含蓄这种优点，英语不仅不亚于、而且凌驾于邻人的语言之上。拉宾[②]、圣·埃夫里蒙[③]和许多最知名的法国作家都承认这一点；而罗斯康蒙勋爵[④]（因为从来没有人写的英语能达到他写的那样纯正，所以，一般公认他是英语的良好评判人）用下面的几行诗表达了我的意思：

“谁见过法国作家的文笔
有英语这样含蓄而有力？

① 黎希留（1585—1642），路易十三的首相，也是法兰西学院的创办人。——译者

② 保尔·德·拉宾（1661—1725），法国历史学家，著有《英国史》，是最早用法语写的英国史之一。——译者

③ 圣·埃夫里蒙（1610—1703），法国文学家。——译者

④ 罗斯康蒙勋爵（1633？—1685），英国诗人、批评家。——译者

一行洗练的英语就好比有分量的金块，

化为琐细如丝的法语，将使一整页大放异彩。”

“如果我们的邻居像他们最伟大的批评家那样，愿意承认：论到风格的庄严和华美当首推英语，我们将十分乐意地放弃和他们在那种没有意义的欢乐情调上一较短长。”

令人十分惋惜的是：这样一件高贵的工作竟然没有一个高贵的人愿意尝试；至于具体着手的途径，最堪借鉴的先例莫过于巴黎学院了，平心而论，法国人的这座学院在学术界一切伟大的尝试中的确是独占鳌头的。

在目前我们看到全世界都在向英格兰国王歌功颂德，而他的敌人在没有因利害关系而缄默的时候，对他的议论往往比我们自己还要多；正如他在战争中立下了非凡英勇的、令人敬佩的武功一样，我敢斗胆冒昧地说，他如果要显现出自己永垂史册的文治，最好的良机莫过于创办这样的一座学院了；通过振兴这样的一项鸿业，他将有机会像他在战争中以慓悍的进攻盖过了法国国王一样，在文法上也使法国国王黯然失色。

只有骄傲才喜欢奉承，而使我们看不见自己缺点的毛病往往就是骄傲，我想，人们只夸大君主们的功德而无视于他们的缺点，这在君主们是一种特殊的不幸。然而，某些活动正留待已经以勇敢果断赢得赞誉的威廉国王来完成，这些活动远非奉承所能及，它本身就是对从事者的赞美。

现在谈的这个计划可能就是如此；看来，我谈的这项计划只适合于国王亲自办理。所以，我不敢用以往各章中讨论其他题材的那种方式来讨论本章。我只想说这么几句：

如果国王陛下认为适合的话，国王将亲自建立一个学会，这个学会完全由第一流的文人学者组成；我们可以希望我们的贵族是那么好学，以致出身能够始终和学识联在一起。

这个学会的工作应该是鼓励文雅的学问，提倡英语的洗练和纯洁，促进严重被忽视的正确使用语言的能力，建立纯正和规范化的风格，消灭由不学无术和矫揉造作带进英语里的一切不合规则的附加成分以及语言里的一切新发明；这种新发明（如果我能够这样叫它们的话）是某些武断的作家擅自杜撰出来强加于他们的本国语言的，好像他们的威信已经大到使他们胡乱想出的玩意都有了定评似的。

有了这样的一个学会，我敢说我们的英语会显现出它的真正优美的风格，在全世界有学问的人当中名实相符地被看成是世界上最华美、最含蓄的地方语。

这个学会应该只让知名的学人加入，而不接纳或者很少接纳那些靠学问为生或者以求学为业的人。也许，我以为我可以这样说：我们曾经看到过许多这样的大学者、只有满腹学问的书蠹虫和获得最高学位的学子，他们的英语不但一点也不文雅，而且死板和矫揉造作，充满了生硬的单字、音节和句子的结构冗长而冷僻，读起来结屈聱牙，听起来椎心刺耳，其表达方式使读者难以接受，其内容使读者难以理解。

一句话，这个学会里不应该有牧师、医生或律师的立足之地。我这样说，并没有丝毫侮辱任何这类高贵行业的各门学问的意思，更谈不上侮辱他们本人，可是，如果我真的认为这几个行业确实自然而然地分别使他们养成一种他们那一行特有的语言习惯，而且，这种习惯不利于我所谈的这项学术事业，我相信我并没有冤枉他们，我也不否认在这一切行业中可能有，而且现在就有某些这样的人，他们是英国语言的大师，文字洗练、风格优美，很少有人会去改正他们的英文；但是不论何时，只要真的出现了这样的人，他们的特殊优点将使他们在该学会里占有一席之地，不过，这种情况毕竟非常罕见，只有在非常特殊的情况下才接受这样的会员。

因此，我提议这个学会完全由高尚的人士组成，其中，包括十二位贵族（如果可能的话）、十二位平民绅士；此外，还有十二个名额，虚席以待完全以真才实学入会的人，不问他们的身份和职业，只要他们在某一方面真有杰出的成就，这些位置都应该是奖赏其学业的荣冠。这个学会对语法的意见应该具有足够的权威性，并且，足以揭露其他人任意杜撰的新语言；他们好像是法院一样统辖着当代的文章学问，有权修正和责难作家，特别是翻译家笔下生涩的语言。这个学会的声望应该足以使它成为公认的文体和语言的权威；不经它批准，任何作者都不能恣意生造词汇，习惯是我们目前最好的考核语法的权威，在这里，始终要从它为原来的根据，绝不允许对它有丝毫违犯。在这方面没有多大必要去根究语源和造句法，因此，生造词汇就会和私造货币同样有罪。

这个学会的日常工作将是举办有关英语问题的演讲，发表各种论文，讨论语言的性质、起源、用法、根据以及差异，研究文体的规矩、纯正和节奏，倡导写作中的文雅和礼貌，谴责不合规矩的用法，修正语言中的错误习惯；一句话，他们将讨论实行下列任务看来势必涉及的一切问题，这些任务是：使我们的英语达到应有的完美程度，使我们的绅士具备和他们自己相等的写作能力，消除骄傲

和卖弄学问,对年轻作家所表现的冒失和傲慢予以当头棒喝,这些年轻作家的野心是只求出名,哪怕是靠着愚蠢出名也不管。

在这里,请容许我对下面的情况谈一两句:习惯已经使我们的语言和谈话里充斥着听惯了的咒骂,我在这里讨论它是因为这种贻羞于人的恶习,现已发展到这种地步,以致一个人讲起话来如果不带上几句咒骂好像就不够味道,有些人甚至公然说:咒骂还不合法真可惜,一个人的言谈带上几句咒骂多有意思,这将为他的语言增色不少云云。

我希望读者能够正确地领会我的意思,我所说的咒骂是一切粗鲁的起誓、诅咒、谩骂、咒神、话里带脏字以及这类其他任何借以区别的名称,当人们说得上劲的时候,几乎从所有各种人的嘴里都会或多或少地冒出这些脏话来。

我不打算讨论这些脏话是非法的和有罪的,是为神律所不容的等等;让牧师单向你宣扬这些道理去吧,无疑,他们在这方面说的话和在任何其他方面一样,几乎等于白说;可是,我认为天下最粗鲁、最没有意思、最无聊和最可耻的事莫过于我们这种夹杂着咒骂的粗野的谈话方式了;我只想请我们的绅士稍为考虑一下(他们具有足够的见识和智慧,除了自我夸赞以外,在其他事情上是耻于说废话的),我只想请他们把自己的日常谈话写下来,多念几遍,考察一下这种英语,研究一下它们的节奏和语法,然后,请他们把自己说的话译成拉丁语或者任何其他语言,那时,他们就会看到自己说了一大堆多么莫名其妙和乱七八糟的话。

咒骂,这种舌头上的污秽、嘴里的渣滓和粪便,在一切罪恶中是最愚蠢和最没有道理的;它使一个人的谈话听起来不入耳,使他的语言失去效用，使他所说的话毫无意义。

咒骂使谈话变得不愉快，至少在那些不用同样愚蠢的方式谈话的人听起来是这样，信口咒骂，对所有不像他那样咒骂的在场的同伴实在是一种侮辱；假如我和别人在一起的时候信口谩骂，我不是假定所有在场的人都喜欢这种调调儿，就是在侮辱那些不喜欢这样谩骂的人。

此外，这种话毫无效用，因为谁也一点不会相信他的这些赌咒、起誓和咒骂。即使是那些自己常常满口赌咒的人也不会相信他，因为他们知道这些赌咒和起誓只不过是口头禅，对束缚一个人的意志根本不起什么作用；当然，那些不习惯于这样做的人对说这些脏话的人是十分瞧不起的，所以，也就不会相信他们。

这些脏字眼使一个人说的话大为减色或被糟蹋了原意，使他费的一番口舌完全成了废话；为了把这个道理讲明白，我必须接触一点细节，希望读者能够容忍一些下流、污秽和毫无意义的词汇使他们的嘴上稍稍受到玷污（某些绅士们还把这种语言叫做“文雅的英语”，泰然自若地讲着它们呢）。

一部分脏话是因为一时气急，脱口而出的，尽管已经够无聊的了，不过还可以算是英语；当一个人起誓说他愿意做这做那的时候，也许他会加上一句“天杀的，我一定干”，这就是说，“如果我不干，让天杀了我吧”，尽管这种话在另一种意义上说来惹人厌恶，但是，写下来还读得下去，总还算是英语，然而，下面这段话算是什么语言呢？

“杰克！他妈的，杰克，可好啊？你这个婊子养的小家伙，这么老长的时光入你奶奶的干哈去啦！”于是，他们接吻；另一个人和他一样荒唐，接着说：

“亲爱的汤姆，看见你真高兴，诚心诚意的；让我死了吧。喂，咱们灌一瓶去；咱们可他妈不能这就分手；老天爷在上，求求你让咱们走吧，醉一家伙去。”

这就是我们的某些花哨的新语言，优美雅致的新风格，要是译成拉丁文，我倒想知道哪个字是主要动词。

要想再听一点这种粗鲁的话，可以到赌徒当中走走，那里最常听到的是“他妈的这骰子”，或者是“他妈的这球”。

在运动员当中，如果猎犬失去了所追野兽的踪迹，你就会听到“他妈的这些猎狗”，如果他骑的马不肯向前跳，你就会听到“他妈的这匹马”。他们骂人是“狗肏的”，“婊子养的”；像这种现已相沿成习的漂亮话真是举不胜举。

诚然，我们承认习惯是判断语言的最好权威，这样认识也是恰当的；可是，理性一定是判断语言含义的法官，习惯绝对不能违背理性。的确，语言和宗教仪式一样，可以交由治安推事去处理；然而，理性却像教义的真谛，是确定不移和无可置疑的，不能够从属于任何人的管辖：它就其本身来说，就是一条法律，它是始终不变的，甚至议会法案也不能改变它。

语言乃至于各种惯用的风格都可以被习惯所变更，而语言的规则则随着一个国家各地的方言和各种语言不同的表达方式而变化。

可是，这方面存在着一种语言的明白含义或文体中的格调，我们把这种东西叫做“言之成理”。它就和真理一样，是不容随意变更、是确定不移的，不管表达方式如何不同，或者是哪一种语言，这种“言之成理”在过去和将来却完全一样。不能“言之成理”的语言只不过是一种噪音，任何野兽都能够和我们一样发出这种噪音，鸟雀发出的这种声音比我们的还要好听得多；因为不能“言之成理”的语言充其量只能造成一种沉闷的音乐而已。所以，一个人可能说了许多话，可是，别人完全听不懂是什么意思；也许他费了很多的口舌，可是等于什么也没说。语言只有安排在和它们的含义相适应的恰当位置上才能够叫人听得懂，也才能够让听话的人弄明白说话的人的意思，与此相反，那就是废话；假如我们打算说明一样东西，除了所必需的语言以外，又加上了一大堆多余的、毫无意义的字眼，那便是措辞失礼；如果这种情况发展到极端，那就未免荒唐可笑了。

因此，我们在谈话中当夹杂上许多不必要的咒骂，插上一连串的脏字眼，而某些这样的字眼又没有鲜明意义的时候，我们的谈话便显得失礼。如上所述，当这些字眼使用到过分的程度，我们说的话便完全成了荒谬可笑的胡说；它不能构成论点，由于自相矛盾，所以好像是胡说八道，由于措辞的不足取，所以，似乎流于失礼。

一个绅士用这种脏字眼玷污自己的嘴到底多么不像话呢？关于这个问题，我请他们看一看几种详细的情况。

这种恶习已经远远超过了良好的礼貌，可是，有几种人毕竟还没有染上它。

第一，即使是这种恶习最深的人也不会教他们的孩子骂人，或者赞成他们这样做。诚然，某些最不检点的人当孩子骂人的时候会不加责备，因而消极地助长了孩子的恶习，但是，肯定绝不会有人存心教自己的孩子骂人或赌咒。

第二，破口骂人的这种体面玩意还没有在妇女中流行开来。的确，“他妈的”这句话女性是难以说得出口的；它似乎是男性的一种过失，妇女们还没有放肆到这种地步；我只盼望那些口带脏字的绅士们能亲耳听到一个妇女骂人。我敢肯定女人说出那种话来也不会有什么好听，这就和胡乱咒骂有失绅士身份一样的不体面（如果用世界上良好的礼貌或理性的法律来审判的话，显然，有这种毛病的绅士是有失身份的）。

这是一种没有意义的、愚蠢可笑的行为；这是一种达不到礼貌目的的表现；这是一种虽然说了出来却没有任何意义的废话；这是一种因愚蠢而做出的傻事；这是一种连魔鬼本身都不肯干的行径。我们说魔鬼专门为非作歹，但是，他这样做却是怀有某种企图的，他不是想诱惑别人，便是（如某些神学家所说）出自一种仇恨造物主的准则。偷盗是为了得财，谋杀是为了满足食欲或者报仇泄恨。嫖妓和强奸、通奸和鸡奸是为了满足一种邪恶的欲望，往往都有诱惑人的对象；一般而论，一切罪恶都有某种前因和某种明显的倾向，然而，这种恶习却是所有罪恶中最没有意义和最可笑的；这里面既没有快乐又没有利益，既没有要实现的企图，又没有要满足的欲望，这只是一种舌头的疯狂，一种大脑与自然过程背道而驰所呕吐出来的污物。

此外，人们可以为别的罪恶寻找出这种或那种借口，或者提出各种辩词；人们以贫穷无奈为偷窃的借口，以万分愤怒为谋杀的理由，并且，为嫖妓举出许多牵强的说法；可是谈到这种恶习，就连那些有这种恶习的人都承认它是一种罪过，不给它作任何辩解；我至多听到过人们这样辩解：他这样做是情不自禁啊。

此外，正如同它是一种无可辩解的失礼一样，一个人当着和他谈话的同伴口出不逊，也损害了礼貌和谈话。如果同伴中有人不赞成这种谈话方式，那么，这种不干不净的话便是以一种越礼的放肆态度强加给他的负担；这种放肆的程度就好像一个人在法官面前胆敢放屁，或者在王后面前妄谈淫事，或者是其他类似的情况一样。

对这种歪风邪气的消灭，各种法律、议会法案和宣言不过是些色厉内荏的东西，不过是善意的调侃，只博得有这种恶习的人一笑而已，我感觉到它们对这种恶习从未发生过任何影响；我们的行政长官也并不喜欢或热心把它们付诸实行。

要消除这种罪恶，不能靠惩罚，而要靠有人为之表率；如果英格兰的绅士一旦愿意停止这种风气，那么像这样的一种本身如此愚蠢可笑的恶习一定会很快地为人所厌恶，不再时髦了。

这项工作可以由我所谈的学院来进行，我以为要打破这种风习，最快莫过于由这样一个学院来公开谴责它了，在这个学院里，我们在言谈举止方面的一切习俗都应该受到审查。机智方面的孰优孰劣之争以及戏剧的格调、习惯和风尚都在这里评断。剧本在这里通过以后才能上演，批评家在这里可以吹毛求疵，尽情指责；任何事物一经这种考验，就绝不会轻易消亡，目前两派戏剧的争执将会结束，不再为互争短长而吵嘴[①]；评定争论的将是机智和真正的价值，这个学院应该是不犯错误的评判官。

---

① 英国资产阶级革命后的复辟时期，贵族阶级崇尚形式浮华而内容空虚、淫秽的喜剧，资产阶级清教徒则以古典主义悲剧为武器相对抗，这里说的两派戏剧就是指的这一情况。——译者

只有到那时，竞争才会有良好情况，
只有真正才智过人才应该受到颂扬。
你们把那些退出国教的人叫做辉格党，
戏剧界现在也有了唱对台的现象。
这些反对派非难剧场里的礼仪规章，
很少有人把正统的东西放在心上，
他们喜欢放荡不羁，而且是如此荒唐，
乃至憎恶风纪，哪管它罪恶肮脏。
有人想让教士统治一切，有人另有主意，
像古代高卢人[①]一样，要寻找活动的余地；
他们那些任性的首领和正统脱离，
另外建造独立的舞台上演自己的戏。
狂热的纨绔子衣着豪华，
才智单独出现却无人识它。
才智和宗教遭遇的命运完全一样，
争执剧烈时，二者都被撇在一旁；
因为随着党同伐异，倾轧增强，
才智和虔诚都将每况愈下。

下面，我将要提出一个在我看来是本书中仅次于此的最高贵和最有用的建议，那就是：成立军事研究学院；由于我只想把自己的意思说明白而无意于写一部巨著，因此，我把这些问题都放在一章里讨论。

① 古代高卢人遍布欧洲，领有意大利北部、法国、比利时、荷兰、瑞士和德国一部，入侵英格兰的凯尔特人也是高卢人的一支。——译者

我承认战争是世界上最好的学院，在这个学院里，人们出于需要而学习，迫于强力而实践，并且，都是有所为而为，战斗中需要尽责，凯旋时可以受奖；任何明白事理或者观察过形势的人都会清楚地看到英国在这场七年战争[①]中做了多大的改善。

可是，如果看一看我们在战争一开始就付出了多么惨重的代价，英国于开战初期因此处在一个什么样的形势之下，我们的工程师和高级军官怎会几乎全是外国人，我们就会想到我们的人多么迫切需要精通战争技艺，以便使他们面临考验的时候不会是一无所知的新手。

我曾听到某些和政府不和的人在国王用兵爱尔兰的初期趁机攻击国王，说他不愿意信任英国人，他手下的高级军官、将领和工程师全都是外国人。是非虽然是这样的分明，无须回答这种说法，而且，这等人也不配得到回答，然而，我们必须看到：当今的国王据有这个王国并且投入现代最残酷的战争以后，当他着手整顿军队的时候，他在这个国家全部尚武阶层中找不出几个适当可用的将才，不得已而重用伯爵肖姆堡[②]、金克尔[③]、索耳姆斯、鲁维格里[④]等外国人，并使他们入了英国籍。这虽然令人惊异，却是事实。我们还应该看到，国王也曾想尽了一切可能想到的办法鼓励英国绅士取得带兵资格，把不下十六个联队交给从未当过兵，也很少知道如

① 指 1689—1697 年的英法战争。——译者

② 弗·赫·肖姆堡(1615—1690)，德国军人，随威廉入英后，于 1689 年被封为公爵。——译者

③ 哥达特·封·金克尔(1630—1703)，德国人，威廉手下的将军，是出征爱尔兰部队的指挥官。——译者

④ 索耳姆斯、鲁维格里等都是随从威廉到英国来的外籍将领。——译者

何带兵的英国贵族绅士指挥。在这些人中,有些还正在军中服役,并且,获得了和他们功劳相当的褒奖,担任陆军少将、旅长等军职。

所以,如果说长期的太平岁月曾使我们退步到无知的程度,幸好我们遇到了一位永具世界上最杰出的英才的国王,不然,情况就相当危险,那么,现在谁又能担保和平和不同的执政者再会给我们带来什么后果呢?

也许,作战的方式和世界上任何事物一样的变化多端;我们只需往上推到国内战争,就可以明显地看出:当时的一位将军如果不提高他的能力,恐怕连担任现在的上校都很难胜任。进攻战术一有发展,防守战术便相应而生;防守战术虽然在现代已远远胜过进攻战术,而后者也正在迅速进步。

我们在英国见过一场血腥的内战,在这场战争中,按照英国人的老脾气,打仗成了交易,把军队驻扎在一块别人不能接近的地方,这在那场战争中从来没有听说过;就连战力最弱的一方也往往出击——例如邓巴尔战役①;今天吃了败仗,明天又来较量,彼此是这样热心地寻找敌方交锋,好像他们急于让自己的头颅被打烂一样。扎营、掘壕沟、修炮台、退却、加强营防和炮击在当时都是陌生的,几乎是人们不知道的事情;甚至全部战争都结束了,还没有利用过任何帐篷。战斗、奇袭、猛烈攻城、小接触、围城、埋伏、偷营等等都是每日的新闻。目下,我们却常常看到五万人大军的一方和敌方在可以看得见的距离以内对峙着,一直在全部战役中躲躲

① 邓巴尔是苏格兰东部一渔港,1650 年 9 月 3 日,克伦威尔的军队在这里重创支持国王的苏格兰军。——译者

闪闪，或者用个好听的说法，都在监视着对方，然后，便各自住进了冬营。战争的座右铭不同了，现在和以往的战争座右铭之间的差别就好像长假发不同于花白胡须，或者今天的风俗人情不同于往昔一样。现在的战争座右铭是：

战必有利，无利不击。

步步为营，以防受逼。

如果战争双方的将领都严格遵守这些金科玉律，他们就永远不会有交兵之日了。

一般地说，我承认这种作战方式比以前的战争花钱多而流血少，但是，这就会拖长战争，我几乎怀疑，如果早先也像现在这样打仗，我们的国内战争是不是会一直拖到今天。他们当时的战争座右铭是：

遇敌便打。

然而，现在的情况却迥然不同了。我想，在现在的战争中明摆着：谁最经得起战争，这就得看谁的钱袋最充足，而不在于谁的剑最长。欧洲全都在作战，只要双方有办法弄钱，人力是绝不会疲惫的，但是，谁要是最穷，谁就得先罢手；明显的一个例子是：法兰西国王现在倾向和平，并且承认了这一点，因为他虽有无数完整无恙的雄兵，而军费却无以为继；他发现自己的国库空虚，举国疲惫，财源枯竭。对我们那些说法国如何贫困的报告，连一半我都不相信是真的，但是，法兰西国王显然发现：尽管他的军队如何勇敢善战，而他的钱却不足以长期和联盟国[①]抗衡，因此，他想尽一切方法在

① 指1689—1694年奥格斯堡联盟之战中的英荷一方。——译者

他能够于最有利的情况下媾和的时候谋求议和。

毫无疑问，法国人仍然有力量再把战争拖几年，不过，他们的国王很聪敏，不肯让事情弄到这样极端，如果他发现自己处在每况愈下的危险形势之中，他宁愿忍声吞气地接受苛刻的条件媾和，而不愿再打下去。

这就是我唯一打算说的离题话，希望读者原谅我这种节外生枝的过失。

所有这些问题，并作一句话来说就是：在和平时期务须做好作战准备，我国人民应该受到军事训练。万事俱备，只缺士兵，这就实在奇怪；船已备好了，我们的商业部门一直在训练而且正在培养更多的海员；但是，马步炮兵、工程师等亟待培养和训练。没有人一生下来肩膀上就扛着毛瑟枪或者脑子里就装着堡垒；放火炮和挖地道攻城不能生而知之的，为此，我建议成立一座：

进行军事训练的皇家学院。

军事学院由国王亲自创办，费用由公众负担；经费从国王的每年岁入中支出。

我建议这座学院分四部分：

(1)一个院专门培养精通各项有用的军事技术的专家，招收少年学员进行训练，以后，在国王的统辖下按照他们的成绩和国王陛下的恩宠提升录用，这样，国王陛下就可以不断地从他们之中得到工程师、炮手、消防队长、炮术长、地雷工兵等各种人才。

(2)第二院负责对志愿学员进行科目相同的军事训练。只要符合某些限制条件，所有志愿受训的都应该被接纳，并享有在学院听讲、做实验和进修的一切利益，而且，也有资格得到该学院的学衡、照顾和住处，相当于大学里的特待校友。

(3)第三院是一个临时训练班，任何绅士或英国人只要愿意报名并遵守校规，都可以像一个绅士一样受到整整一年的免费款待，由第二院指派的教员负责训练他们。

(4)第四院只是各种专科学校，不管是什么人，只要愿意报名，都可以入学，领取少量津贴并受到他们所希望的各种特殊训练；这些学校的教师由第一院的高班学员担任。

我可以设计出这项事业的一切必要细节和规模，但是，由于创办这样一件事业的方法可以很容易地效法其他大学而办得条理井然，所以，我只想谈一谈校舍的节俭问题。

校舍必须非常壮阔，建筑的式样应该做到庄严宏伟，而装饰却不必富丽华美；我以为，只要像恰尔西亚大学那样的校舍再大四倍左右就合用了，可是，我相信它的建筑费用不会比盖那所宫殿般的公立学校花得多。

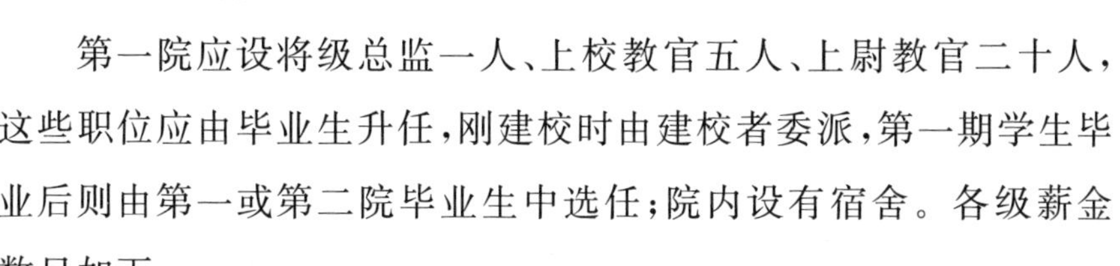

第一院应设将级总监一人、上校教官五人、上尉教官二十人，这些职位应由毕业生升任，刚建校时由建校者委派，第一期学生毕业后则由第一或第二院毕业生中选任；院内设有宿舍。各级薪金数目如下：

将军…………………………………………… 年薪 300 镑
上校…………………………………………… 年薪 100 镑
上尉 ………………………………………… 年薪 60 镑

学员共二千名，应按下列等级分别待遇：

队长一百名……………每人每年津贴 …………… 10 镑
教导员二百名…………每人每年津贴 ……………… 5 镑
特待校友二百名………每人每年津贴 ……………… 5 镑

高班学员五百名

低班学员一千名

将军由建校人从上校中选拔，上校由将军从上尉中选拔，上尉由队长中产生，队长由教导员中产生，教导负由特待校友中产生等等。

低班学员分成十个分校，各分校的编制情况如下：每一分校有学员一百名，分成十班。每班设教导员二名：

低班一百个，共有学员 …………………………	1000 人
每班设教导员二名 …………………………………	200
	1200

高班学员分成五个分校，每一分校设十班，每班十人，各设教导员二名。

高班学员五十班，共…………………………………	500 人
每班设教导员二名 …………………………………	100
	600

特待校友作为临时雇员，领取少量津贴，在升迁就职以前由学院维持其生活。

第二院由志愿受训的学员组成，他们是具有一定学历的第一院高班学员或具有某种学历的任何其他学校的学生，自费学习，但享有某些优待，例如，在校内免费住宿，按照规定的某些条件免费定额供给口粮，住宿一定年限的即可擢升，可以使用学校的图书仪器和讲义。

该院应该规定下列擢升等级，其待遇分别为：

监督一名…………………………………………	年薪 200 镑
校长一名…………………………………………	年薪 100 镑
少校教官五十名 …………………………………	年薪 50 镑
高班学员二百名 …………………………	每年津贴 10 镑

志愿学生五百名，不发津贴

三、四两院是只包括临时训练的普通学校，可以按下列方式组成：

第三院专教绅士学习各种必要的业务和技艺，以便使他们有资格为国效力，他们整整得到一年公费待遇。我们可以假定学员人数经常维持一千名，教员人数不少于一百名，我建议作如下安排：

每个教员应该至少连续任职一年，但是，领取津贴的年限最多不得超过两年，每年领特别津贴二十镑。他们必须按时上课出勤，经常有五名第二院的少校教官监督他们，教员先执教一个月，然后由其他五人轮流执教。少校教官每年领取十镑特别津贴。

受训的绅士无须负担费用，但必须严守下列各项纪律：

(1)始终留住校内，未经少校教官许可不得在校外住宿。

(2)完成教员指定的各项作业，不得争辩。

(3)遵守校规。

凡属吵架或口出不逊这类的过失只科以罚金，由少校教官裁决，挑衅的应该被禁闭，直到他向受辱一方道歉为止，通过这种处理，每个受了侮辱的绅士都会完全满意。

但是，打人肇事、挑战决斗、拔出武器私争等等应该受到更严厉的处分；校方将宣布肇事者不是绅士，把他的名字张贴在校门上示众，并且，开除学籍，此后在学校里如再发现了他，将按流浪汉来盘问他。

该院教员一半从第一院特待学友中选拔，另一半则从第二院高班学员中选拔。

第四院只是普通性质的学校，既不花什么钱也没有什么麻烦，

凡是愿意入学的一概来者不拒,教员由学院的其他学校选送。

所建议的规模既然如此之大,自需相当数目的经费;由于这项事业是为全王国的利益着想,这笔费用也应由公众来负担。由于考虑到需要维持的人数,经费数额不会比下列数字少多少:

第一院

将军…………………………………………… 年薪 300 镑

上校五名,每人年薪一百镑,共 ……………………… 500 镑

上尉二十名,每人年薪六十镑,共 ………………… 1,200 镑

队长一百名,每人每年津贴十镑,共 ……………… 1,000 镑

教导员二百名,每人每年津贴五镑,共 …………… 1,000 镑

特待校友二百名,每人每年津贴五镑,共 ………… 1,000 镑

全院二千名学员,每人每年需要二十镑生活费,膳宿及学院内职员工役(管事、厨师、伙食承办人、保姆、侍女、洗衣妇、膳务员、办事员、仆役、牧师、门房、随员等庞大人数)的开支全部包括在内,共 ……………………………… 40,000 镑

第二院

监督一名 ………………………………………………… 200

校长一名 ………………………………………………… 100

少校教官五十名,每人年薪五十镑…………………… 2,500

高班学员二百名,每人每年津贴十镑………………… 2,000

在操练时期五百名学生的口粮,每人每年五镑……… 2,500

二百名高班学员的给养,按上述数字计算…………… 4,000

第三院

院内绅士的待遇符合绅士身份,伙食必须丰美,因此,每人每年须津贴二十五镑,院内所有职员工役的开支都出自这笔钱内,共 ……………… 25,000

教员一百名,薪金和给养同前………………………… 4,500

少校教官五十名,每人每年津贴十镑 ………………… 5,00

每年费用共 ………………………………………… 86,300 镑

校舍建筑费……………………………………………… 50,000

家具、床铺、桌椅、衣着等 ………………………………… 10,000
图书、仪器、实验用品等 ……………………………………… 2,000
因此立即需要开支 ………………………………… 62,000 镑
年费 ……………………………………………………… 86,300 镑
加上实验费和操练费 ……………………………………… 3,700
90,000 镑

国王的军火库每年发给学院五百桶火药，以供公开操练和实验之用。

本学院的第一院应该居于统辖地位，所有升擢都由第一院做出，从其余各院选拔各科人才；第一院将军级总监指挥其余各院监督，他只服从建校者一人。

学院的管理应该完全采取军事方式，为此，要制定一套规章制度，成立一个理事会专门听取和裁决各种争执和违反校规的事件。

公开操练也是军事性质的，所有各分校都由适当军官维持风纪，军官轮流值勤或者由将军下令指定，但每次只值勤一天。

若干班次进行若干门课程的学习，每一个别班次只攻一科，学员学完一科后变更班次再学另一科，通过这种方法，所有学员在各次大操中便能够按照可能接到的命令，胜任地完成所有各种作业。

这个学院应该适当地设立以下各门课程：

几何学	计量学
天文学	地雷学
历　史	爆　破
航海术	炮击术
十进算术	火炮学
三　角	筑城学
日规学	扎营术

战壕筑法	建筑学
接近术	测量学
袭击术	
绘图学	

所有各种技艺或科学都附属在这些课程以内。

每个学员都必须按照其体质和能力进行下列各种体格锻炼;如:

(1)游泳。任何兵士,事实上任何人都不应该不会这一门技术;

(2)掌握各式各样的火器;

(3)整齐地前进或背进;

(4)剑术和长矛法;

(5)骑术或马术;

(6)跑、跳和摔跤。

与训练同时,也应该保持和仔细教导战争中的一切风尚、惯例和术语,攻城、行军和扎营中使用的技术名词,以便使经过该学院训练的每一个绅士在参加王国军队时不会对军事一无所知,尽管他没有在国外服过军役。我记得有一位英国绅士闹过这么一回笑话,这位军官当围攻爱尔兰的里末利克的时候,虽然作战很勇敢,可是,仅仅由于不懂得技术名词,不会说军营中的行话,把战壕说成了攻城的坑道,因而遭到了全军的嘲笑。

这些军事学院的实验像皇家学会的学位论文一样值得公诸于世。为此,设立学院的地方应该有足够的场地便于投弹、构筑炮台、棱堡、月牙堡、方堡、角堡、要塞等各种正规防御工事,在这些工事附近还要便于引水，以便训练工程师从事沟下排水和地雷作业的必要实验。学院必须有足够大的操练场进行远距练习重炮轰击、炮轰营垒、操演各种爆破以及已经发明或将被发明的武器、掘壕沟、扎营等等。

他们的公开操练也将会非常有趣，和我们英国人最喜欢看的各种热闹场面或展览会相比，它更值得所有绅士们参观。

我相信，从这些将军中可以形成一套规章制度，这将是世界上最伟大、最英武和最有益的一项事业。这样一来，英国的缙绅将成为最通晓军事的人，因而在国外将最受嘉许，而在国内则将比任何人都更有用。国王陛下也再不会被迫雇用外国人担任要职和在他的军队中服务。

为使全国公众在某种程度上都能更加通晓军事，我以为实行下面的计划将大有裨益。

当我们的武器是长弓的时候，就某种程度来说，我们英国民族用弓的本领可以说是独步世界，连最普通的乡间小民都是高明的射手，人们在太平年月的游戏中就具备了极好的入伍资格，而这种游戏还产生了一个好结果，那就是当征集起一支军队以后，兵士不需训练就能作战；为了鼓励人民参加这种对国家如此有利的锻炼，国会曾通过法案规定每个教区都要维持若干射靶场，以供乡间青年练习射箭。

我们现在的作战方法既已变更，毛瑟枪这种杀伤力强大的军械成了士兵的正规武器，我希望英国人喜欢玩的游戏也随之而变更，使我们既能得到乐趣又获得实惠。现在，我国有一种不利的情况，特别是由于常备军不能尽如人意，情况就更为严重，这就是：如果一旦爆发战争，必须先花一年时间教兵士如何掌握武器，然后才能认为他们适于上战场，因此，应征入伍的新兵被叫做“新手”。为了消除，至少是在某种程度上消除这种情况，我建议：应该通过某种公开鼓励（因为靠惩罚不会奏效），使我们的青年不再醉心于斗鸡和斗蟋蟀那种无聊幼稚的游戏和喝酒，而把兴趣转移到用燧发枪射击这种既有男儿威武气概而又其乐无穷的运动上来；还有游泳，除了大有益于健康以外，还有许多其他的好处，因此，我以为所有的人都应该学会它。

谈到射击，我在上文提到的学院拿国王的钱训练缙绅，缙绅为了报答这种恩典，应该在乡间居民中普及这种训练。用下面的办法就可以很容易地做到这种普及：

如果各地乡绅按照他的地位出资悬奖，让他居住的城镇或附近的人参加夺奖射击比赛，比赛可以每年举行一次或者两次乃至多次，这由绅士们自己随意决定；得奖的人不仅要射击得最准确，而且，要遵守一般的射击习惯。

这种办法准会使英格兰的所有年轻人都热爱射击，变成好射手，因为他们一定会经常练习，并且，彼此展开比赛，这种好处一到战时就显出来了；因为假使全营的兵士都能够百发百中地瞄准敌人，远距离杀伤敌人的数目就会比现在多得多；我们知道一营军队和另一营军队接火，中弹人数一般不会超过三四十名；我以为我们很难忘记在奥格里姆[①]战役中，一营英国军队遭到整整一联队爱

① 奥格里姆（Aughrim），爱尔兰如尔威附近的一个小镇，1691 年 7 月初，威廉的军队在此战败詹姆斯二世的苏格兰军。——译者

尔兰龙骑兵的射击，但是，那一天他们不知道究竟有没有人挂彩；我只需请参加过爱尔兰战争的军官们注意，由于爱尔兰人是这样了不起的神枪手，英格兰军队占了多大便宜！

在以下一项关于学院的建议中，我打算提出的计划是成立一所

女子学院

我时常这样想：在我们这样一个文明的基督教国家，居然否认妇女上学的好处，这真是最野蛮的习俗之一。我们天天责备女性的愚蠢和无礼，然而，我却相信她们如果有机会受到和我们同等的教育，她们就会比我们还要少犯过失。

的确，一个人会感到奇怪，妇女们的全部知识既然只限于她们天生的能力，我们何以还能和她们谈得来。她们的青春全消磨在学针线或者做小玩意上了。诚然，我们也教她们识字或许还教她们写自己的名字等等，可是，这就是妇女所能受到的最高教育。我只想问问那些轻视妇女、认为她们是最蠢的人，要是一个男人（我指的是绅士）不受教育，他又会有什么能耐呢？

一个出身名门、身份高贵的绅士，天资也过得去，如果缺乏教育，看看他会成为什么样的人物。其结果不言而喻，无需我来举例。

蕴藏在身内的灵魂就像是一块粗钻石，它必须琢磨，否则绝不会放出它本来的光辉，显然，正如理性的灵魂使我们有别于禽兽一样，教育增强了这种区别，使某些人比另一些人更进一步地脱离了野蛮状态。这个道理是如此昭彰，无须任何证明。但是，妇女又为什么被剥夺了受教育的权利呢？如果知识和学问对妇女来说真是

无用的奢侈品，那么，全能的上帝就绝不会使她们有任何禀赋，因为上帝从来不创造无用的事物。此外，我还要请问这些人，他们到底在无知中看出了什么好处，以致认为它是妇女必不可少的装饰品？或者，一个聪敏的妇女到底比傻子要坏多少？或者，妇女到底犯了什么罪过，要剥夺她们受教育的权利？难道她们用傲慢无礼祸害了我们么？我们为什么不让她们上学，好变得更聪敏些呢？其实，妨碍她们变得更聪敏些的完全是这种不人道的风俗，在这种情况下，我们还应该责备妇女的愚蠢无知吗？

女人的天资恐怕比男人要高，她们的脑子也比男人快；妇女在受教育以后能够干出什么事业，从一些女才子的事例（现代并不缺乏这种事例）上看得很清楚；这种事例谴责了我们的偏见，看来，我们之所以剥夺妇女受教育的权利，仿佛生怕她们变聪敏以后会和男人竞争似的。

为了消除这种缺陷，使妇女至少有机会在各种有益的知识方面受到必不可少的教育，我提出一项符合这种目的的办学计划。

我知道女子抛头露面是危险的；她们要么就幽居深闺，要么就遭受危险；前者违背她们的意愿，后者损伤她们的名誉，所以，这件事是有些难办；有一位聪敏的女士在一本叫做《向妇女们进一言》的小册子里提出了一种办法，但是，我怀疑它是否切实可行，因为，说一句失敬妇女的话，或许有点儿为她们所特有的（至少在她们的青年时代）那种轻浮恐怕受不了书中提出的限制；我以为只有极端偏执的迷信，才能够维持一座女修道院。女人拼命地想进天堂，为了进天堂，她们不惜刻苦自己美丽的肉体；然而，除了极端偏执的迷信以外，没有什么东西能够使她们做到这一点，而且，即使在那种情况下，以往也常有事实表明天性会占上风。

所以，当我谈到女子学院的时候，我心目中的规范、教学法和管理既有别于那位聪颖的女士提出的建议（我非常器重她的建议，也很赞许她的才学），也不同于各式各样的宗教限制，特别是保证独身的誓言。

因此，我建议的学院应该只是稍异于一般的公立学校，自愿求学的女士在院内应该有一切机会学习各种和她们的禀赋相适合的学问。

但是，既然绝对有必要树立某些不同于一般的严格纪律，以维护学校的名誉，使有身份和财产的人敢于让他们的孩子到那里求学，我冒昧地通过杂谈的方式提出一项小计划。

我建议学院的建筑应该独具一格，院址也独处一方。校舍应该是朴素的三面房屋，没有任何突出部分或犄角，使得从这一角可以一目了然地看到另一角；校园也同样按三角形树立围墙，并开有宽沟，只有一座大门。

学校环境经过这样稳妥的、最便于守望的安排以后，要想偷情便很难瞒过别人的眼睛，所以，我不赞成设立守护人、暗探等来防卫这些女士，我只希望她们能够恪守贞操淑德。

如果有人问我原因，我希望我们男人在我说明这项理由的时候不要见怪：

我是如此敬爱妇女，同时又如此熟悉男子，因此，在我看来，只要把男子从妇女身旁实际隔开，就可以防止偷情私通这类勾当；因为我们虽然美其名曰“爱情”的那种欲求有时在妇女身上确实激发得有些过分鲜明，随之而来的往往便是不贞，可是，我以为：我们误称之为“娴静”的习俗远胜过女性的热情，因此，女子失身以前往往总先有男子引诱。

使妇女守规矩的不是贞操观念，而是风俗习惯，
不管是聪敏人还是傻瓜，都在它面前就范；
因为一旦动了春心，什么贞操都变得毫不相干，
只有风习时尚还能够管一管风流罪案。
全亏了风俗习惯，才维持住淑德贞操，
爱情需要先去求索，然后才能够得到；
因为我们称之为娴静的美德只不过是骄傲，
担心被拒绝面子难堪，才不屑于开口乞讨。
一般的风俗时尚战胜了她们的欲望，
她们绝不先求爱，一被进攻却容易投降；
等到闹完了那套没用场的礼数，
妇女们自身的弱点便无法掩藏。
如果欲望强烈，本性难以制阻，
最好隔开男人，使她机会毫无。
要不然，无论你怎样防范也于事无补，
不见可欲其心不乱，这样才保住了圣徒。

简单地说，即使是一个没有任何贞操观念的女人，也得男人先开口才肯委身相就，至少是还有一点廉耻的女人一定会这样做。

根据这种理由，我深信满可以采取某些措施，使女士们在学校围墙以内的小天地里完全自由自在，同时，又不会发生任何偷情、不贞或其他丑事；为此，在女子学院中应该遵守下列校规和戒条（我建议英国每乡至少要设立一所这样的学院，伦敦城应设立十所

左右)。

除了校舍按前述式样建造以外:

1.所有入学女士都应该动手维持学院的秩序,并且,表明她们同意遵守这些秩序。

2.正如所有入学女士都是宣布自愿入学并且主动报名的人一样,任何人只要出于自愿无意继续学习的时候,可以随时离校。

3.学院费用由在校女士支付,每个入学的人只有一项负担,这就是:尽管她可能愿意中途辍学,她应该缴纳全年学费。

4.国会应该通过法案,规定任何男子如果强行进入或混入女校,或者勾引任何在校女生,即使预备结婚,也一概按重罪论处,并且,不得有牧师不受普通法庭审讯的特权。这条法律无疑是严厉的,因为任何一个愿意接受男子求爱的女士都可以随时辍学,与此相反,任何女士在有必要时都可以通过进入女校的办法来摆脱她所嫌恶的任何男子鲁莽的求爱。

在女子学院里,一切入学者都应该按照她们的天赋和能力受到各种课程的教育,特别是音乐和跳舞,因为女子是如此的喜欢这两门东西,如果不让她们学习就近于残酷了;可是,此外她们还要学习各种语言,特别是法语和意大利语;我可不怕使妇女多长几条舌头①。

她们应该学习如何谈吐文雅和一切必要的讲话风度,把它当作一门特殊课程;而我们的教育在这方面的缺陷是如此的明显,因

① 英语"舌头"和"语言"同义。这里是一种戏谑性的说法,认为女人比较饶舌。——译者

此无须我来揭露。她们应该学习读书，特别是读历史，使她们通过读书明白事理，可以懂得和判断她们听到的事物。

只要她们有天资，她们可以求取任何一种学问；但是，一般地说，首要任务在于培养妇女的理解力，使她们能够参与各种谈话；当她们的能力和判断力提高以后，她们在谈话中就能够给人以愉快和教益。

据我观察，女人和女人之间很少或者根本没有差别，所不同的只不过是曾否受过教育而已。的确，她们在一定的程度上是受着气质的影响，然而，主要的不同点则在于她们的教养。

作为整体来看，妇女们大都是聪敏伶俐的。我想读者可以容许我这样地一概而论，因为你们很少看到像笨伯似的傻头傻脑的小女孩子，而这种情况在男孩子中却屡见不鲜。如果女子受到很好的教养，学会怎样适当她运用她的天资以后，一般都证明她们记性很好，非常机灵；说句公道话，一个知情达理、风度娴雅的女子是天地万物中最美丽多娇的东西，是造物主的光荣，充分说明上帝对他心爱的创造物——男人的独特恩宠，她是上帝所能赐予的和男人曾经接受的最美好的礼品。教育的熏陶可以使女性心灵的自然美放出本来的光辉，剥夺她们这种权利是世上最卑鄙、愚蠢和忘恩负义的行为。

一个教养很好、品学兼优的女子是一种无可媲美的创造物；和她交往就象征着崇高的欢乐，她有天使般的姿容，仙子般的谈吐，柔情千种，仪态万方，简直是和平、爱情、智慧和欢乐的化身。她不论在哪一方面无不尽善尽美，一个男子有这样的终身伴侣，只能够感到无上幸福而满怀感激。

另一方面，假定还是同一个女子，如果剥夺了她受教育的权利，必将发生这种情况：

如果她原是好脾气，由于缺乏教育会变得懦弱和没有主见。如果她有几分聪敏，由于没有教养会变得轻浮和饶舌。因为判断力和经验的缺乏，她的知识会使她三心二意，胡思乱想。如果她原来的脾气就不好，就会因没有教养而变得更坏，她会变得傲慢无礼，喜爱吵闹。如果她容易生气，因为不懂礼貌，往往变成活像一个疯子成天骂不绝口、啾啾不休的泼妇。如果她原来就骄傲，由于没有谨慎的素养（这也是教养），就会目中无人，异想天开和荒唐可笑。她有了这么许多毛病，结果自然变得蛮不讲理，吵吵闹闹，多嘴多舌，下流无耻，一句话，成了个魔鬼。

拿我们对女人的要求来说，我们有时候既然认为要关心她们，那么，如果我们不想从她们那里得到什么欢乐的话，至少应该费费心把她们教养得能可人意和有点用处。天啊，看看我们是怎样的操心养一匹良马，把它练得多么驯顺吧，马变驯了以后，看看我们又是怎样的器重它，这一切无非是为了它能有用场；那么，为什么不这样对待女人呢？因为女人如果没有淑静的举止，她的一切装饰和美丽都将是金玉其外，败絮其中，就像是弄虚作假的商人把最好的货色摆在最表面，让顾客以为底下的货色都一样。

女性引以自豪的肉体美，现在看来是一种不公道的禀赋。造化（或者不如说是上帝）受到中伤，好像他让女子生成丽质全是为了勾引男子，这样，女子就成了祸水，因为据说在绝顶漂亮的女人里面聪敏的很少，脾气好的更少，娴静的那更找不到了。有人自以为能够找出理由来说明这样分派是平等的，他们说：老天爷是最公道的，所以才这样，他让众生万物都各有所长，无一向隅，使每个人都有或此或彼的优点，这样，大家就会互相中意，不然，有的就要遭人白眼。

我以为这两种想法都荒诞不经，尤其是后一种对造物主貌似恭敬，实际上却最坏不过。因为按照这种看法，造物主便成了贫困而空虚的了，好像他的恩泽不足以遍及全体苍生万物似的，诚恐赐予的礼物耗尽用竭，只好吝啬一些，让大家一人分一点儿零碎。

如果容许我大胆地反对一种几乎是普遍的看法，我要说的是：大多数人在这方面都看错了天道神机，世人今天在这方面的做法也是不正确的。由于这个结论非常大胆，所以，我想解释一下。

创造我们大家的全能的神肯定是善美的泉源，就和他是存在的泉源一样，通过潜移默化，他能够把同等的品德和完美分散给他所创造的一切生物，就像旭日之光明普照，丝毫无损或无减于造物主本身的光辉，而今天世界上每个人也都确实具有足够的天赋，并无愧于造物主本来的安排。

我想，如果我举出下列理由就可以证明这个论点。我的理由是：上帝赋予每个人以灵知，这就等于向全体人类赏赐了同等的礼物和能力，人的所以有智愚贤不肖之分，不是由于器官构造的偶然差别，就是由于受教育方面愚蠢的不同。

首先，这是由于器官构造的不同引起的。我不想在这里讨论灵魂在肉体中的物理学部位。可是，如果哲学家说的不错，理解力和记忆力按照传达它们的器官偶然的大小或则扩张或则收缩，那么，尽管上帝赋予我一个和别人一样有悟性的灵魂，然而，如果我身体内的灵魂由那里起作用的部分有天生的缺陷，我便可能非常愚笨而他人却相当聪颖。例如，如果一个小孩子的听觉器官天生有缺陷，因而不辨五音，虽然这个孩子具有同样能够学习世上一切才艺的灵魂，他却永远不会说话或读书。大脑是灵魂起作用的中心，这里汇集着所有明辨事物的感官；所以，一个人如果脑袋狭小，头脑在执行应有的和必需的职能时没有宽绰的余地，这个人绝不会非常聪敏；“大头大脑，傻瓜呆鸟”这句俗语并不是说头大的人天生必傻，而是对懒惰的谴责，人们往往会惊讶地说：“呸，呸，你这个空长着一个大脑袋的傻瓜，真奇怪，这准得怪你自己。”从这点看来，我完全相信男女的血统大有关系——聪敏人生下的儿女不一定都是聪敏的，我倒认为只有强健的体质才能有最聪敏的后裔，病弱的体质不但影响儿女的健康，而且影响他们的智慧。我们很容易举出理由证明马、鸡、狗和其他生物的血统上存在着这种情况，我以为人类显然也不能例外。

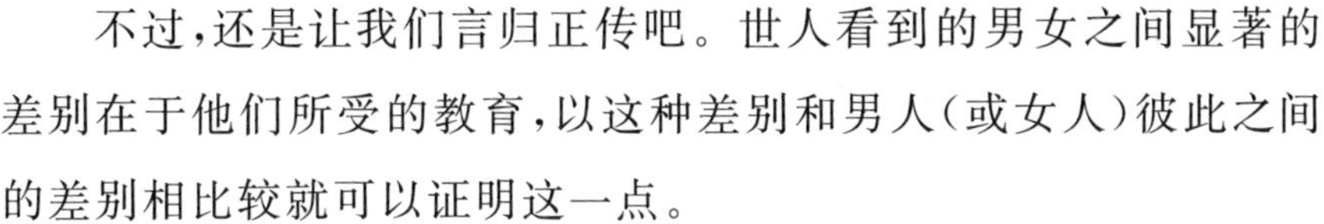

不过，还是让我们言归正传吧。世人看到的男女之间显著的差别在于他们所受的教育，以这种差别和男人（或女人）彼此之间的差别相比较就可以证明这一点。

我之所以敢这样大胆地断言一般人对待妇女的办法是错误的，原因就在于此，因为我不能想象全能的上帝创造了这样娇美的一种生物，赋予她们这样的魅力，使她们这样惹人喜欢和怜爱，让她们的灵魂具有和男子一样的机能，难道只是让她们当我们的管家婆、厨娘和奴隶的吗？

我一点也不想鼓吹牝鸡司晨，完全由女性当权，然而，一句话，我希望男子把妇女当侣伴看待，并且，把她们教育成适宜的伴侣。一个明白事理和有教养的妇女一定不屑侵犯男子的特权，正如一个明白事理的男子不屑因妇女软弱而欺凌她们一样。可是，如果妇女的灵魂经过教育的熏陶和美化，她就不会再蒙受恶名了；譬如，要是再说女人家没主见就是无稽之谈，因为那时候妇女当中的愚蠢和无知比在男子当中还难以发现。我曾经听过一位非常漂亮的太太谈过一段话，我现在还记得；她，人挺聪敏，很有才干，模样儿更漂亮，而且家里非常有钱，只是一直关在闺房里，家人害怕她被人引诱，因此，连普通妇女操持家务事的必要知识都没有让她学习；当她后来进入交际界的时候，生来聪敏的她痛感自己是如此地缺乏教育，以致她用短短这么一句话责备自己说："我竟没脸和自己的侍女们谈话，"她说，"因为我不知道她们做的事对不对。我应该先上几年学再结婚才好。"

我无需絮烦地谈论妇女因缺乏教育招致的损失，也不想谈论一反其道以后的利益；这件事很容易被承认，但是，要实际补救却不那么简单。本章对于这件事只不过拉杂谈谈，至于它的实行问题，只有留待男子聪敏到愿意对这种情况加以弥补的好日子（如果真能有那么一天的话）再说了。

关于商民法庭

请穿律师服的有学问的先生们注意，如果我在本章中提到商人发生争执请律师打官司时受到的种种奇怪待遇，因而对律师有所失敬，务请海涵，因为我并没有存心侮辱他们。我亲耳听说过许条名律师在商人和他的代理商争讼的案件上弄得焦头烂额，当两造各执一词争论什么兑换、贴现折扣、拒付证书、过期停泊费、租船契约、运费、入港税、保险费、船舶抵押契约、船长或船员的不法行为、流通账目、佣金账目、公司账目等等时，律师既拟不出一份诉讼事实摘要，诉讼代理人也摸不着头脑。一个年轻的教区牧师忘了带笔记就走上讲坛，他那时要讲清楚经文的窘劲儿，还不及一个我见过的诉讼代理人在讲清楚两个商人争讼的案件时那样狼狈；譬如，我记得有人打过这么一件糊涂官司，有两个商人为一笔集商业中一切微妙症结之大成的佣金账目打起官司，双方都对自己的律师千嘱咐，万叮咛，要他们硬把曲说成直，最后，双方都发现自己在这方面说了不少荒唐可笑的废话，于是不再继续打官司，同意请仲裁人公断；结果仲裁人不取分文，只花一个星期就结束了他们以前在那上面花了不少冤枉钱的一切争执。

不，就连法官本身（我这样说并不等于指责他们不学无术）在向陪审委员团发指示的时候也结结巴巴，不知说些什么，陪审委员更是如堕五里雾中；因为陪审委员并不永远是（说实在的，并不经常是）最聪敏的人，当费尽唇舌、想尽方法以后，他们在复杂到连法官和律师本身也都很难弄清的这种案件中，肯定仍然不能做到明镜高悬。

商人的事务随着环境的变更和时间的推移而千差万别，日新月异，迥异寻常的偶然情况层出不穷，充斥着错综复杂的微妙纠纷，并且，由于各国风俗民情的不同而变化无常；所以，我们发现要想制定出一套无所不包的法律实在很难做到；实际上，我们的法律本身也默认了它在这方面的无能为力，因为它准许在棘手的情况下，可以把商人的习惯看成是法律的一种准绳。

所以，据我看来，最合情合理的做法是：这类事务的争执应该交由久干对外贸易而对它的习尚惯例经验丰富的、因而当然最善于判断它的人去听取和审理。

除了上述理由充足的论点以外，还因为在我们现行的法律下，在许多案件中，原告不可能讲清事实，而被告也不可能作出答辩(当他的证据在国外的时候，情况尤其如此)，因为任何拒付证书、执照或委任状在我国的法庭上都不算是证据；我们的法律诉讼程序已经造成了巨大的和不可挽回的损失。

为了弥补这些情况，议会可以批准建立一个由六名裁判委员组成的法庭，授权该法庭在“商民法庭”的名义下像衡平法院①一样听取和裁决案件。

这种法庭的诉讼程序应该简单，审判应该迅速，收费应该微少，使每一个受屈的人都可以立即得到补偿。因为在商务诉讼中，案件的性质常使衡平法院冗繁的诉讼程序带来的害处比其他案件遇到的尤大，因为商务案件一般牵涉到问题的变化比其他案件更大，例如影响到国外亟待指示的雇员、拖延了停泊期的船只和船员、支付等等。

这六名法官应该由王国最知名的商人中选出，他们常驻伦敦，有权通过委任办法召集商人议事会，议事会在听取两造的理由以后对一切案件作出裁决。不服的可以向该六名法官上诉。

王国各大港口也可以通过委任办法委派性质相同的低级商人议事会。六名法官只作为接受上诉的法官；一切案件都由商人议事会审理，方法和程序力求精简。议事会宣誓秉公断案，其人员每年由本城主要商人中挑选。

① 英国早年一种排解民间纠纷的司法辅助组织。——译者

这里的诉讼程序不应该拖延时日，原告采取摘要方式陈明诉讼事实，被告提出答辩，然后立刻指定审理时间。被告对开庭时间可以申请推迟，但必须具有充足的理由，否则，不予延期。当开庭的时候，两造可以尽情讲明自己的理由，或者请任何人代为出庭。

凡依照规定获得和按应有格式签署并经鉴定的、从外国发来的任何证明和拒付证书都可以作为证据；在王国领土境内于当地治安推事面前依相同方式按照规定格式提出的宣誓书也可以作为证据。

不服的一方可以向前述六名法官上诉，委托律师得在法官面前提出辩护，一经这六名法官判决即不得再上诉。

通过这种方法，可以弭止无数争执，也可以温和地排解许多纠纷，省却了目前不可胜计的麻烦，使商务纠纷以一种商人的方式根据人所习见的商业惯例和风尚加以解决。

关于海员

值得注意的是，每当我国和任何邻国开战的时候，经常产生了两种极大的麻烦——一是对国王而言，一是对商业而言。

一，给国王带来的麻烦是：他不得不征召海员入伍，硬逼着他们当海军；这种强位人上战舰的办法引起了各种各样的流弊，如：

1. 贻误了我们的海军戎机，我们的舰队因缺人而经常迟迟不能出动，以致时常处于不利的地位，结果使多次精心筹划的远征都不能奏捷。

2. 有若干海军队伍都成了非正规军，因为军官受贿解除了能干水手的军职，用许多生手和不能胜任的人滥竽充数。

3. 由于水兵强征队队长的态度蛮横而有些人又执意不肯应征，不断地发生强力压迫、争吵等现象，甚至常常演成凶杀。

4. 出自英国国民共有的自然原则——痛恨强迫，因此，嫌恶当兵深入人心。

5. 经常打着征兵的幌子绑人出国、打家劫舍和偷窃的事例，最近已经屡见不鲜。

因此，国王和臣民都分别受到了类似性质的各种侮辱和损害。

二，对商业来说，由于人手缺乏，海员向商人索取极高工资，简直是说一不二，商人只好拿出这笔浩大的费用。其实，人手并不真正缺乏，因为在雷厉风行的征兵当中，如果一条商船需要用人而且能庇护他们的话，要多少人马上就有多少人，如果不能庇护他们，就连一个也雇不到了。这些人对为国效力却是避之唯恐不及的。

前一类流弊已经使国王从开战以后在下列三个特殊方面花了三百万英镑以上：

1. 水陆征兵和为此雇用小船所花的费用。

2. 船只由于缺人只好滞留港内，同时，却要为船员的工资和给养支出浩大的费用。

3. 诚恐夏季缺人，只好整冬维持着全部海军，军饷和给养全部照发，这种办法已经实行好几年了。此外，还要付出大量的赏金和其他笼络海军军心的费用。

第二类流弊，即商人付出的高额工资从开战以后已经花了二百万英镑以上。贩煤业即其一例。煤商在战争头三年每放一次洋即须付给一个普通海员九镑工资，而在以前只需三十六便士，按照贩煤业各次航行动用的船只和每船八个船员数目来计算，往少的方面算，只贩煤业一行的海员一年的工资差额就有八万九千六百镑。

对于其他航行来说，水手月薪差额为五十先令，前桅员月薪差额为五十五先令，在此以前，他们的月薪只有二十六先令。此外，水手们现在对于伙食也挑三剔四了，商人只好忍气吞声；他们反对领半薪，甚至当船长命令他们做一些他们喜欢做的事的时候，他们都不大买账；不，就连国王本人也休想叫他们中意。

为了消除这些时弊，我提出下列计划，实行这个计划，海员没有理由不满意，也丝毫不会受到损害，但是，却可以防止目前所受的损失，省下一笔因海员奢侈浪费而糟蹋掉的巨款，因为如果说挥霍无度减少了王国公共总财富的话，那么，海员们就不能算是好公民，他们并没有因国王或商人付给了他们巨额款项而显得更富足。

计划的内容如下：

议会通过法案设立一个管理局或法庭，该机关受海军法庭管辖，并隶属于海军大臣，或者独立掌权，只隶属于一个议会当局，如公共账目统计委员会。

全国海员都要在这一管理局或法庭或它的若干分支机构（该局为此将设立分局或分处，派驻王国各港）进行登记并受到直接雇用；他们将按照能力大小被分为各种各样的等级，依据他们的资格领取相应的工资，如茶房、壮工，仆役、高级海员、乘舰练习生、军官、舵工、船主、跟班等。

其详细情况如下：

1. 任何船只的船长或船主除了该局介绍的水手以外，不得雇用其他任何海员或携带他们出海。

2. 不论是海员或其他人等，除了向该局申请当水手以外，不得直接受雇；每一高级海员月薪为二十四先令，下级海员按比例递减，闲散时领取半薪并可为自己工作，但一经该局征召即须立即到职，并报明所去地点。

3. 因为在别处无法找到工作，水手将不会逃亡。

4. 一切船只在海关结关后将领到一张证明，凭证向海员管理局领用海员，局内海员济济，往往可供选择，而不会闹人荒；该局将毫无刁难或拖延地把海员交与船长或船主；船主和海员双方都有选择对象的完全自由，只不过必须服从该局专职官员做出的决定。

［附注］ 船长和船主过去为使海员在他们准备走以前能留在船上，不得不花相当浩大的费用，而今这样一来，这笔费用便可以节省下来。同时，以后再无须操心觅求海员，他们在一天之内就能全部到船；因为带着证明书到管理局去的船长如果愿意的话，可以去挑选他的海员；否则，管理局把证明书发到海员住处，就会把他们送到船上来集合。

5. 雇用这些海员的船长或船主将按每人月薪二十八先令（超过工资的四先令用来支付闲散海员的半薪）付钱给管理局（而不付给海员本人），对下级海员的工资则按照相应比例递减。

6. 一切有关水手叛变的纠纷，或其他船长和海员之间的争执都通过上诉上述特意成立的法庭加以审理。

7. 一切工资和时限的折扣，一切海损、停付和货物的损失等，都由议会同一法案明令公布并照印出的公共规章加以调整；通过这种措施，海军法庭上一切争执不休的诉讼（这类诉讼简直无穷无尽）都可以被防止。

8. 对于一切获准报关和装货的船只，不得拒绝拨给海员，当提出要求和送出海关发给的证明以后，拨给人员的时间不得耽搁五天以上；逮捕和扣留等一般案件不在此例。

这种制度的后果

1. 实行这种制度后，公众便不会缺乏海员，强征制的一切费用和麻烦都可以被避免。

2. 工资过高和水手的飞扬跋扈加于商业的难忍的压力可以被消除。

3. 该管理局应该收取下列各项款额，把它们作为公共基金存入银行，供给国家使用，除了议会命令以外，任何人不得动用；在议会闭会期间，成立一个委员会经常代为查账，一个出纳局掌管基金，上述机构概由议员组成，每届议会更换一次：

甲、商人向管理局预付所用海员的工资，比该局每月发给海员的工资多四先令。

乙、考虑到海员工资的降低，因而运费也降低到以往的水平或与之接近，船主或商人在全部货物进口时每吨运费交税四十先令，根据全部货物和港口按比例规定，用计算加纳里群岛葡萄酒的吨重为基准计算货重，特殊运费按以往所付运费的比例计算。

［附注］ 这种办法可以顺利实行而不会造成负担；因为工资如果回降到原先的水平（或者接近原先的水平），运费也会同样降低，这样，商人就可以行有余力地缴纳这笔钱。举例说：从牙买加到伦敦的运费原先是每吨六镑十先令，现在却是十八镑到二十镑；弗吉尼亚来货的运费原先是每吨五镑到六镑十先令，现在却是十

四镑、十六镑和十七镑；巴布达岛[①]来货的运费原先是六镑，现在增加到十六镑；奥波托[②]来货原先的运费是两镑，现在增加到六镑等。

上述这一笔款项是一种基金的一大笔资本，我们可以假定它由公正的人掌管和经营使之周转流动。此外，商人在由王国的任何港口运货出国或载运外货到港时，都按照其全部货物的真实价值缴纳4%(镑)的捐税，货物的价值务必真实无欺，必要时须宣誓保证。据此，上述管理局有义务付款赔偿一切损失、海损和各种意外，赔偿款额按照目前流行的保险惯例如数付出，不打任何折扣，不作任何争论或拖延；上述4%的税率是依照开往巴布达岛的航程规定的，执行时根据具体航程依照印行和明令公布的规章法令酌量增减。

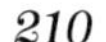

实行这种办法以后，上述管理局根据明显的理由只保留这样的权力，即：管理局有权指挥所有不同的船只如何和护航队一齐航行或等待护航队，规定其时间长短和方式如何；该局并有权为护航队着想(具有某些限制)扣留船只以便编成船队。

上述这些规定适用于海上的一切商业。但往来国内各港的沿海贸易和近海捕鱼业不在此例；对它们应该作如下安排：

首先，就煤来说，煤船按二十八先令月薪得到海员的供应、并有足够数量的护航队和起自泰因茅斯沙洲到内河的适当停泊点，这样，它们就无须结成船队航行，而可以按照风向和气候条件放心

① 巴布达岛，英属西印度群岛中的岛屿。——译者

② 奥波托，葡萄牙北部港口。——译者

出航，一路上有军舰保护，军舰应该不断地游弋巡逻于各停泊点之间。结果，煤船走完航程所用的时间不但和以往一样的短，而所支付的费用也和以往一样的低廉，这就使煤的每乔伦[①]售价低到十七先令，和以往十五先令的煤价相去不远。

所以，每乔伦（纽卡斯尔标准）煤在纽卡斯尔向指定的国库缴纳十先令，这笔钱在货物运抵目的地时将依约得到补偿，伦敦的固定价格是：在浦尔[②]是每乔伦二十七先令，售给用户时是三十先令；这个价格一点也不算贵，特别是在战时，因为以往战时的煤价从未有过这样的低廉；有关官员应该发布告示限制售煤者不得超过定价。

此外，考虑到护航队的花费，所有运煤船都应该按照管理当局同意的船只的价值，缴税1%（镑），同时，护航队司令横征暴敛的一切护航费一律予以废除，如果船只（并非货物）纯粹因遇敌而遭受损害，管理局将赔偿其全部损失。

如果要着手进行这个实验，这些项目确需某些解释，而且，海员的景况也将因此而有所改善；这种办法至少可以比最近登记海员等鼓励方法更容易使海员乐意为任何公事效力。

理由是：实行这种办法以后，王国的所有海员都成了国王雇用的公仆，由雇用他们的国王手上领取工资；谁要雇用他们非得通过国王不可；商人通过国王之手雇用他们，把他们的工资付给国王；同时，英国的海员也不会有一个人失业（顺便说一句，这就可以防

---

① 乔伦（Chaldron），旧煤量单位，在英国等于三十二到三十六蒲式耳。——译者

② 泰晤士河伦敦桥正下面的部分，在这里指运到伦敦后的批发价格。——译者

止他们到国外寻找工作）；如果他们并没有实际出海，他们仍有半薪可领，并且，可以从事制造场、栈房和海军中的工作，从而使凡百事宜条理井然。

如果要装备一支舰队或分舰队，它们在一个星期以内便可以配齐人手，因为英国的全部海员都在手边；他们也不再会厌恶服役；因为海员之所以在战时退缩、躲藏和踌躇不前，并不是由于他们不愿为国王效力，也不是因为军舰上的职务比商船上的更加劳累，或者害怕危险；问题在于工资；为国王效力每月只拿二十四先令，从商人那里每月却可以拿四十到五十先令，这才是真正的原因。而海员这样做也是可以理解的；因为替王国效力，在战场上卖命只能领二十四先令月薪，他们又何乐而不为商人服务，既不冒那种危险而又能领五十先令呢？如果不能扭转这种情况，对海员所作的一切鼓励都是枉费心机；因为这些鼓励只会使他们飞扬跋扈，助长他们的奢侈浪费。

一般地说，这项措施对海员也不会带来什么损害；因为终年有职业，每月领二十四先令工资，闲散时还有半薪可领，这对海员来说实在比他们现在每月拿四十五先令要好过，考虑一下他们有多么长的时间往往赋闲在岸上而一文不名就可以了然了。此外，海员工资过高对商业虽然是一项不堪承受的负担，然而，这并没有使水手们明显地富裕起来；所以，他们现在可以像以往那样满足于二十四先令的工资。

另一方面，商业可以因此而显著复兴，难以承受的高昂运费可以降低，公众可以从建议中提到的款项上获得优厚的利益，如：

1. 商人雇用的所有海员月薪多出四先令，假定经常受雇的海员有二十万人(因为就属于英国的所有船只看来,不会比这个数目再少了),则每月可收入四万镑。

2. 对一切进口的货物按每吨运费征收四十先令。

3. 对一切进出口货物的价值征税4%。

4. 对一切在纽卡斯尔装船的煤,每乔伦征收十先令,对运煤船征收1%船价的税款。

这四项每年究竟会给财政部带来多少收入是很难计算的,我这本书已经快结束,所以不打算细算这笔账了。可是,我相信从这场战争爆发以后,还不曾有过一项税收能和它相比。

不错,公众要从这笔钱中支付闲散海员的半薪,并且,还要赔偿一切海损和船货损失,不过,这些支出的数目虽然可能相当庞大,但是和前述付款相比仍然不多;因为4%的保险费既然为数不多,所以,谁都不得拒绝保险。我相信谁都会承认:让保险商垮台的不会是保险费太少,而是保险对象的数目太少;我敢大言不惭地肯定:假设对全部进出口货物征收4%保险费,谁都可以做全国的总保险商,而那笔保险费也绝不会损害商人。

这样,以这种方法筹得的巨额收益使什么地方都不会感觉到负担,无论是穷人或富人都不会花更多的钱买煤;进口的外货价钱可以更少,我们自己的货物运到市场上去时也会更加便宜;船主由船上、商人由货上都能够获利更多;由于有公共基金赔偿,海上的损失再也不会使任何人遭殃。

这项计划还会产生一种无形的利益:我们由于能在战时把运费和货价保持得和太平年月一样的低廉,我们便可以胜过一切邻邦,乃至于荷兰人本身;这种利益的深远意义不是随便一想就能体会的，它对我国的对外贸易将发生重大的影响。因为，如果我们的每吨货能够从五十先令的脚费运到卡迪斯①，而荷兰人在其他地点要花八镑或十镑等运费，他们在贸易方面还会有什么本领呢？所以，我们的货物就能够售价低廉，比我们的邻邦获利更大。

除了这项建议以外，本来还可以再提几项，其中，有些对王国的一般贸易大有裨益，有些有利于特殊的行业，对公众也更为有利；然而，对仅仅是我一己之见产生的事物，我不打算谈得过分详细。

如果政府一旦动手试行这些建议，无疑，获得的成就必将大大超过我提出的这些，我也看不出实行起来会有多大困难，或会招致什么不满，所以，我就此滞住，与其说是希望毋宁说是祝愿它早日得以实现。

结 束 语

在检视了本书若干章以后，我发现有些东西不能再往深处探究了，它们可能因为没有得到充分的说明而不免有缺陷，如果谁要指责这一点，我只能说我现在是爱莫能助。我一直力图使本书切题，献出的只是一篇作者可以信手写来的随笔，我不能再有什么补充了。至于愚见是否失之谬误，虽然我还没有发现，我却也不敢担保处处都绝对没有差错。然而，我绝不愿意对我为之提不出充足理由的任何事物加以肯定。如果我错了，请发现了这种错误的先

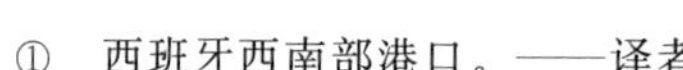

① 西班牙西南部港口。——译者

生把他自己更高明的见解另行公诸于世，千万别殚精竭虑地在这上面苛求作者，因为我要声明：我将不会和他在这类问题上打笔墨官司。

至于本书的建议可能招致的反对意见，我在某些地方已经提到了我想到的一些。我绝不敢妄自尊大到以为不会再有人提出其他反对意见，但是，我确实相信：即使有，也绝不会推翻本书中所制订的任何计划，证明它们不切实际。我也不怀疑谁都会承认本书中的大部分建议都大大有利于国计民生，也许，比我所提的好处还要大。

至于那些专为挑作者“毛病”读书的人，他们会喋喋不休地指责什么文体卑下啦、论点错误啦、表达枯燥啦等等，我对他们要说的话不多。我想，我已经对本书作了仔细的修改，可是，有些小错漏了过去是在所难免的，现在已经来不及弥补了。至于语言，我已经力求使本书的英语符合于文章内容的格式，而不求文体谨严的藻饰，我宁愿按照随笔短论的性质采用轻松灵活的笔法，而不想曲意追求文字的完美——我只希望自己的文字能够达到这种要求，而不敢自命为文章大师。

图书在版编目(CIP)数据

笛福文选/(英)笛福著;徐式谷译.—北京:商务印书馆,2017
(汉译世界学术名著丛书:120年纪念版:珍藏本)
ISBN 978-7-100-14378-3

Ⅰ.①笛… Ⅱ.①笛… ②徐… Ⅲ.①笛福(Defoe, Daniel 1660-1731)—文集 Ⅳ.①D756.109-53

中国版本图书馆CIP数据核字(2017)第153818号

权利保留,侵权必究。

汉译世界学术名著丛书
(120年纪念版·珍藏本)
笛 福 文 选
徐式谷 译

商 务 印 书 馆 出 版
(北京王府井大街36号 邮政编码100710)
商 务 印 书 馆 发 行
北京新华印刷有限公司印刷
ISBN 978-7-100-14378-3

2017年12月第1版 开本710×1000 1/16
2017年12月北京第1次印刷 印张14¾
定价:75.00元